Das Zentrum – ein Füllhorn sehenswerter Orte 60

Das Malpaís – Lavaschollenlandschaft und aufstrebende Küstenorte 90

Der Süden – Dünen und Urlaubsstrände 102

Fuerteventura Kaleidoskop

Karten und Pläne

Service

Fuerteventura aktuell A bis Z 121

Sprachführer 134

Register 139

Leserforum

Die Meinung unserer Leserinnen und Leser ist wichtig, daher freuen wir uns von Ihnen zu hören. Wenn Ihnen dieser Reiseführer gefällt, wenn Sie Hinweise zu den Inhalten haben – Ergänzungs- und Verbesserungsvorschläge, Tipps und Korrekturen –, dann kontaktieren Sie uns bitte:

Redaktion ADAC Reiseführer
ADAC Verlag GmbH
Hansastraße 19, 80686 München
Tel. 089/76 76 41 59
reisefuehrer@adac.de
www.adac.de/reisefuehrer

Fuerteventura Impressionen

Traumstrände und Vulkanberge

Beim Anflug aus Europa sieht man schon auf einen Blick, wie lang sich Fuerteventura von Norden nach Süden streckt. Und aus der Vogelperspektive wirkt die Insel auch sehr flach. Dies erweist sich jedoch als optische Täuschung, denn durch fehlende Farbkontraste ist das Relief der zentralen Bergregion von oben nicht zu erkennen, erschließt sich aber spätestens bei einem Ausflug ins Inselinnere. Deutlich sieht man vom Flugzeug die langen goldsandigen **Strände** und freut sich schon auf die Tage voller Bade- und Wassersportvergnügen. Zusammen mit der **Sonne**, die fast ununterbrochen vom wolkenlosen Himmel strahlt, gehören sie zu den Markenzeichen der beliebten Ferieninsel.

Links oben: *Eine kühle Brise – Windsurfer in Aktion vor der Küste von Corralejo*
Links unten: *Kleine Delikatessen werden in der Casa Santa María von Betancuria serviert*
Rechts oben: *Traumhaft schöne Sonnenuntergänge genießt man bei La Pared*
Rechts unten: *Ein beliebter Ferienort ist Morro Jable mit seinem feinen Sandstrand*

Das 11 km südwestlich von Lanzarote und nur etwa 100 km westlich des afrikanischen Kontinents gelegene Fuerteventura ist nach Teneriffa die zweitgrößte Insel des Kanarischen Archipels (1722 km^2), mit etwa 103 200 Einwohnern aber vergleichsweise dünn besiedelt. Das 94 km lange und 28 km breite Eiland ist auch das älteste dieser Inselgruppe; Teile seiner Landmasse wurden schon vor 23,5 Mio. Jahren durch die Kraft der glühenden Magma aus dem Meer gehoben. Diese frühen **Vulkane** im heutigen Inselzentrum wurden allmählich durch Erosion glatt geschliffen zu sanft gerundeten Formen.

Fuerteventura war lange Zeit eine fruchtbare Insel, doch als sie im frühen 15. Jh. von den **Spaniern** erobert und besiedelt wurde, begann der *Raubbau*. Nun wurde Holz als Baumaterial geschlagen bzw. zum Befeuern der über das Land verstreuten *Kalköfen* verwendet. Dieser Kahlschlag und der Verbiss der Weiden durch immer größer werdende Ziegenherden führten schließlich dazu, dass Humus vom ständigen Wind und den gelegentlich heftigen Winterregen in die Senken und Täler, aber auch ins Meer geschwemmt wurde. So entstand das – neue – **karge Landschaftsbild** der Insel.

Nur selten, nur wenn Regen fällt, entfaltet sich am Fuße der Berge eine bezaubernde exotische **Blütenpracht**. Dann leuchtet die Mittagsblume in unglaublichem Rot. Auch zarte Grashalme sprießen aus den Spalten der Hänge, vertrocknen jedoch schnell wieder und überziehen dann das Land mit einem goldenen Hauch, den die Einheimischen liebevoll *La Rubia*, die Blonde, nennen.

Eine Ferieninsel par excellence

Die meisten Gäste kommen nach Fuerteventura wegen der herrlichen, oft kilometerlangen Sandstrände und der traumhaften Dünen am Atlantik. Kein Wunder also, dass gerade an diesen Küstenabschnitten moderne **Ferienzentren** entstanden sind, Paradiese für Urlauber, die die wärmenden Sonnenstrahlen und das klare blaue Meerwasser lieben. Wegen des ständig wehenden Windes gibt es hier auch Traumreviere für **Wassersportler**, für Surfer und Segler, aber auch für Taucher, die sich am Anblick der bizarren Unterwasser-Felsformationen und der bunten Meeresfauna erfreuen.

Unter den **Touristen** aus dem Ausland, die jedes Jahr die Insel ansteuern, sind es vor allem Familien mit Kindern, die die flach ins Meer abfallenden Strände als Bade- und Spielplätze zu schätzen wissen.

Zu den beliebten Urlaubszentren gehört die lebhafte Hafenstadt **Corralejo**

im Nordosten der Insel. Kein Wunder: Zu schön sind die 8 km langen **Playas de Corralejo**, die südlich der Stadt beginnen und dann in die faszinierende Sandwüste **El Jable** übergehen. Da diese Region seit 1982 unter Naturschutz steht, darf hier nicht mehr gebaut werden. Am südlichen Ende des Naturparks beginnt eine Strecke mit schwarzer felsiger Küste – auch sie blieb weitgehend unbebaut. Das Bild wandelt sich erst wieder südlich von Fuerteventuras Metropole Puerto del Rosario, in **Caleta de Fuste**, wo sich Hotels, Apartments und Geschäfte rund um eine große künstlich geschaffene Sandbucht reihen. Unten im Süden, in Höhe der Urlaubsstadt **Costa Calma**, beginnt ein etwa 16 km langer Strand namens **Playa de Sotavento**, der sich entlang der Halbinsel Jandía nach Südwesten zieht. Dort geht er in die 4 km lange **Jandía Playa** über, Fuerteventuras größte Feriensiedlung, in der viel Trubel und auch ein reges Nachtleben herrschen.

Nördlich des früheren Fischerortes **Morro Jable**, nur über eine holprige Piste zu erreichen, erstreckt sich ein etwa 10 km langer Strand, die **Playa de Cofete**. Diese ist wiederum durch eine Felsenklippe von der wilden **Playa de Barlovento** getrennt. Wegen der starken Brandung und Unterströmungen sollte man hier allerdings auf ein Bad verzichten. Das gleiche gilt für die etwa 1 km lange **Playa del Castillo** im Nordwesten der Insel, unterhalb des Fischer- und Feriendorfes El Cotillo. Zum Sonnenbaden sind diese paradiesisch schönen Strände jedoch bestens geeignet, und für Bodysurfer sind sie wahre Traumgefilde!

Historische Stätten

Natürlich hat die Insel auch Sehenswürdigkeiten zu bieten, allen voran die früheste Gründung und erste Hauptstadt Fuerteventuras, **Betancuria**. Sie liegt im Zentrum der Insel, etwa 20 km Luftlinie südwestlich der heutigen, relativ jungen Hauptstadt Puerto del Rosario. Weitere attraktive Orte, die zum Ausflugsprogramm gehören sollten, sind etwa das schmucke **Antigua** mit seiner lebendigen Kunsthandwerkstradition und das von einem fruchtbaren Palmental umgebene **Vega de Río Palmas.** Auch **Pájara**, das wenige Kilometer weiter südlich gelegene Verwaltungszentrum der Halbinsel Jandía, ist mit seinen vorbildlich restaurierten Gebäuden sehenswert. Nicht

zu vergessen ist auch das bäuerlich geprägte **Tuineje** mit seiner Kirche, in der Szenen des Angriffs britischer Korsaren auf Fuerteventura im 18. Jh. dargestellt sind. Ein weiteres historisches Zentrum befindet sich etwa 16 km südwestlich von Corralejo: die Stadt **La Oliva**, in der 150 Jahre (1708–1859) das Militärregiment der Insel residierte. Unweit davon kann man auf den Spuren der Altkanarier wandeln, die vor der *Conquista*, der Eroberung durch die Spanier im 15. Jh., ein friedliches Dasein auf steinzeitlicher Kulturstufe führten. Eine schöne Tour führt am Rande des Ortes **Tindaya** auf den gleichnamigen Berg, der den Ureinwohnern heilig war. Wie die Altkanarier, hier *Majos* (ansonsten verallgemeinernd Guanchen) genannt einst lebten, dokumentieren die Ausgrabungen von **La Atayalita** bei Pozo Negro mit Resten der aus Lavasteinen errichteten Siedlung.

Naturschönheiten

Auf Fuerteventura findet man die schönsten **Dünen** des gesamten Kanarischen Archipels, sanft gestreichelt von einer ständig wehenden Brise. Spektakuläre Sandkulissen bietet nicht nur das naturgeschützte Areal südlich von Corralejo,

Links: *Von Palmen umzingelt ist die Poollandschaft des Hotels Costa Calma Palace*
Rechts oben: *Ein goldgelber Juwel ist die Dünenlandschaft der Playas de Corralejo*
Rechts Mitte: *Kleine Wassernixen – auch Tauchkurse für Kinder werden angeboten*
Rechts unten: *Ein Dromedar im Oasis Park von La Lajita wartet auf Gäste*

sondern auch der berühmte 20 m hohe **Risco del Paso** im Süden der Insel. Ein paar Kilometer vor dieser Düne, südlich von Costa Calma, führt eine Sandpiste, die nur Wanderern und den Fahrzeugen der Naturparkwächter vorbehalten ist, nach Westen in das erdgeschichtlich so bedeutende Wüstengebiet **El Jable**. Beweis dafür, dass es im Laufe der Entstehung der Insel aus dem Meer gehoben wurde, sind die **Fossilien** von Meerestieren, dazwischen liegen im Sand versteckt zahllose **versteinerte Nester** einer wespenähnlichen Insektenart.

Zu Fuerteventuras landschaftlichen Schönheiten zählen auch die durch Erosion weitgehend rund geschliffenen **Vulkanberge**, die vor allem auf der Strecke zwischen Betancuria und La Pared an der Landenge im Süden der Insel zu bewundern sind. Ihre Gipfel gewähren herrliche Ausblicke auf die anmutig-schlichte Landschaft.

Ein wunderschönes Kleinod liegt gegenüber den Sandstränden von Corralejo im Nordosten der Insel: das nur 6,5 km^2 große Inselchen **Lobos**. Bei einer Wanderung rund um dieses Eiland mit seinem 127 m hohen erloschenen Vulkan entdeckt man wilde Lavafelder, im Winter eine blühende, duftende Macchia und immer wieder stille Badebuchten.

Rettungsanker Tourismus

Noch bis in die 1970er-Jahre hinein war Fuerteventura eine **Auswanderer-Insel**, bedingt durch Dürreperioden und Hungersnöte. Die landwirtschaftlich nutzbaren Flächen reichten gerade mal für einige wenige Bauernfamilien, die meisten jungen Leute emigrierten nach Süd- und Mittelamerika. Der **Fischfang** und seine Verarbeitung ging durch Überfischung vor der nahen afrikanischen Küste immer mehr zurück, 1988 musste die einzige Fischfabrik Fuerteventuras schließen.

Heute sieht die Situation ganz anders aus, denn nun sind Sandstrand, Sonne

und Badebuchten das große Kapital der Urlaubsinsel Fuerteventura. Der Umschwung begann langsam. In den 1960er-Jahren entstanden im Süden, auf der Halbinsel Jandía, die ersten **Ferienanlagen**. In großem Umfang wurde der **Tourismus** erst in den 1980er-Jahren entwickelt. Er brachte der Bevölkerung neue Hoffnung und allmählich kehrten sogar zahlreiche Auswanderer aus Venezuela, Kuba und Mexiko zurück, um sich in diesem Wirtschaftssektor eine neue Existenz aufzubauen. Inzwischen existieren viele Übernachtungsmöglichkeiten mit rund 65 000 Betten in 79 Hotels und 127 Apartmentanlagen.

Vor einem weitereren Ausbau der Kapazitäten warnen allerdings nicht nur Naturschützer, die sich um Flora, Fauna und Landschaftsbild Sorgen machen, sondern auch Soziologen, die Lebensweise und Kultur der Einheimischen stark gefährdet sehen.

Doch hat der Tourismus auch durchaus positive Auswirkungen, z.B. auf die **Landwirtschaft**. So haben sich viele der Inselbauern auf Ziegenhaltung (32 Rassen) spezialisiert, heute geben 60 000 Tiere Milch für den auch bei Urlaubern so beliebten Ziegenkäse. In Dörfern wie El Cotillo, Ajuy, Pozo Negro oder Morro Jable wurde die **Küstenfischerei** wieder belebt, um die zahllosen Hotel- und Restaurantküchen beliefern zu können. Das Interesse der Gäste an inseltypischen Produkten hat dem **Kunsthandwerk** neuen Aufschwung gegeben. Stickerei und Töpferei erlebten eine Renaissance.

In Kursen wird das Flechten von Taschen und Hüten aus Palmenblättern sowie von Weidenkörben gelehrt. Auch in Bezug auf die **Küche** hat sich einiges getan: Restaurants im Inselinneren nehmen alte Traditionen auf, servieren Schmorgerichte mit Zicklein und Kaninchen oder die köstlichen Eintöpfe der ›Armeleuteküche‹. Und in vielen Lokalen serviert man *Papas Arrugadas*, schrumpelig gekochte Kartoffeln, dazu die pikante Soße namens *Mojo*.

Links oben: *Unter der Sonne Fuerteventuras wandert diese Kamelkarawane*
Links Mitte: *Schaffe, schaffe Häusle baue – putzige Mönchssittiche beim Nisten*
Links unten: *Malerisch ist die Windmühle im Bauerndörfchen Valle de Santa Inés*
Links: *Ein Highlight ist ein Ausflug in die faszinierende Berglandschaft Fuerteventuras*
Rechts oben: *Auf dem Trockenen sitzt dieser Katamaran am Strand von Morro Jable*
Rechts unten: *Prachtvoll ist die Kirche Nuestra Señora de la Regla in Pájara*

Geschichte, Kunst, Kultur im Überblick

Von Vulkanen und Windmühlen, Piraten und Königen

vor etwa 23,5 Mio. Jahren Tektonische Verschiebungen verursachen den Ausbruch mehrerer Vulkane und die Hebung von Sedimentplatten auf dem Meeresgrund: Fuerteventura entsteht dadurch als die erste der Kanarischen Inseln.

3000 v. Chr. Vermutlich beginnt zu jener Zeit von Nordafrika aus die Besiedlung der Kanarischen Inseln in mehreren Wellen, geschichtliche oder archäologische Belege fehlen jedoch bisher.

ab 1100 v. Chr. Phönizische Seefahrer gelangen, wie Funde beweisen, bei ihrer Suche nach Handelsmöglichkeiten auch auf die Kanarischen Inseln.

500–200 v. Chr. Eine neue Welle von Einwanderern aus Nordafrika erreicht die Inseln, findet hier aber bereits die Königreiche der Altkanarier vor.

1. Jh. n. Chr. Der römische Geschichtsschreiber Plinius d. Ä. (23–79) erwähnt in seiner ›Naturalis historia‹ eine gescheiterte Expedition des mauretanischen Königs Juba II. auf die Kanarischen Inseln, die der Erforschung und Ausbeutung des Archipels dienen sollte. Auch Ovid (43 v. Chr.–17 n. Chr.) rühmt in seinen ›Metamorphosen‹ den ewigen Frühling, der dort herrsche, und auf der Weltkarte von Ptolemäus (100–160) sind ›El Hierro‹ und ›Canaria‹ (für Gran Canaria) eingetragen. Dennoch geraten die Inseln lange Zeit in Vergessenheit, denn für die Römer, die mit der Erhaltung ihrer Macht im Mittelmeerraum beschäftigt sind, ist der Archipel im Atlantik strategisch nicht von Interesse.

13.–15. Jh. Auf Fuerteventura bestehen zwei Königreiche: das größere, Maxorata, im Norden und das kleinere, Jandía, im Süden. An der sog. Wespentaille, dem Istmo de la Pared (6 km breit), soll eine Mauer die beiden Reiche voneinander getrennt haben.

1312 Der Genueser Seefahrer Lancelotto Malocello landet auf der Nachbarinsel Lanzarote und bleibt dort bis 1330. In dieser Zeit verbreitet sich erneut die Kunde von der Existenz der vergessenen Inseln.

1344 Papst Clemens VI. erklärt sich zum Herrscher aller unentdeckten Länder und ernennt den spanischen Edelmann Luís de la Cerda zum König der Kanaren. Dieser setzt allerdings niemals einen Fuß in sein Reich und gibt die Inseln dem Papst zurück, da ihm ein zu hoher Tribut dafür abverlangt wird. Anschließend fällt der Kanarische Archipel durch eine Erbschaft an Heinrich III. von Kastilien.

1402 Der Normanne Jean de Béthencourt erhält von Heinrich III. den Auftrag, die Inseln zu erobern. Zunächst landet er auf Lanzarote und schließt mit dem dortigen Guanchen-Herrscher Guardafía einen Friedenspakt.

1405 Jean de Béthencourt erobert Fuerteventura, gründet am Ausgang eines im Landesinneren gelegenen, fruchtbaren Tals den Ort Betancuria und ernennt ihn zur Inselhauptstadt.

In der Guanchen-Siedlung La Atalayita kann man auf den Spuren der Altkanarier wandeln

1406 Nachdem er auch El Hierro und La Gomera unterworfen hat, wird Jean de Béthencourt zum König der Kanaren gekrönt. Er verlässt die Inseln jedoch, und Nachfolger wird sein Neffe Maciot de Béthencourt, der sich mit Prinzessin Teguise, der Tochter des Guanchen-Königs von Lanzarote, vermählt. Da er aber seine Untertanen als Sklaven verkauft, wird er nach Madeira ins Exil geschickt.
1425 Jean de Béthencourt stirbt in Frankreich.
1430 Der spanische Adelige Juan de las Casas erwirbt die Insel Fuerteventura.
1456 Diego García de Herrera, ein Erbe von Juan de las Casas und Marschall von Kastilien, nimmt nach El Hierro und La Gomera auch Lanzarote und Fuerteventura als Lehen an.
ab Mitte des 15. Jh. Fuerteventura entwickelt sich zur Kornkammer der Kanaren. Von wirtschaftlicher Bedeutung sind außerdem der Anbau von Hülsenfrüchten und die Ziegenzucht für den Export von Fleisch. Auch die bereits von den Altkanariern genutzte Orchilla-Flechte – in Europa zum Färben von Textilien hoch begehrt – ist ein wahrer Exportschlager. Von Fuerteventura aus geht der Lehnsherr Herrera im benachbarten Nordafrika auf Sklavenfang. Der Sklavenhandel blüht, denn auf den Zuckerrohrplantagen und Getreidefeldern der östlichen Inseln werden billige Arbeitskräfte benötigt.
1496 Teneriffa wird als letzte der Kanarischen Inseln von Spanien eingenommen, und die Besiedlung der Inseln durch Soldaten sowie durch Zuwanderer aus Portugal und Spanien setzt ein.
1514 Die Bewohner der Kanaren erhalten spanisches Bürgerrecht.
1593 Seeräuber aus Nordafrika dringen ins Landesinnere bis nach Betancuria vor, zerstören die Stadt und

1405 erobert der Normanne Jean de Béthencourt die Insel Fuerteventura

verschleppen viele der Inselbewohner als Sklaven.
17. Jh. Durch die ständigen Piratenüberfälle verlieren die Einwohner den Mut, ihr Land zu bestellen. Als dann auch noch durch regenarme Jahre Dürre und Hungersnöte ausgelöst werden, setzt eine massenhafte Auswanderung ein: Von den etwa 3000 Bewohnern bleiben weniger als 1000 zurück. Die Bauern leiden unter der hohen Besteuerung ihrer Getreideexporte (20 %) durch die Lehnsherren, und auch die rücksichtslose Abholzung der Inselwälder macht sich inzwischen in der Austrocknung und Erosion des Landes bemerkbar.
1675 Die Lehnsherren verlieren das Interesse an Fuerteventura und siedeln nach Teneriffa über; die Insel überlassen sie einem Verwalter.
1708 Nach der Stationierung einer Miliz-Regierung mit Sitz in La Oliva gelingt es Oberst Cabrera Béthencourt, auch die zivile Hoheit über die Insel an sich zu reißen. Das Amt des Obersten wird durch Erbfolge weitergegeben, und der Familienbesitz umfasst bald ein Drittel der Insel; Pächter und Leibeigene bewirtschaften die Güter.
1720/21 Während einer neuen katastrophalen Dürreperiode wird der Export von Getreide beschränkt. Die Bewohner erhalten ein Vorkaufsrecht, um Vorräte anlegen zu können.
1740 Britische Korsaren überfallen die Insel, sie können jedoch bei Tuineje, südlich der alten Hauptstadt Betancuria, zurückgeschlagen werden. Zur Überwachung der Küsten werden die Festungstürme von El Cotillo und Caleta de Fuste errichtet.
1772 Die Situation auf der Insel beruhigt sich wieder; durch Rückwanderer und Einwanderer von der Iberischen Halbinsel steigt die Bevölkerung erneut auf fast 4000 an. Der Handel mit der wild wachsenden Sodapflanze *(Mesembryanthemum crystallinum)* erreicht seinen Höhepunkt, und auch gebrannter Kalk wird zu einer wichtigen Einnahmequelle.
1808 Großbauern und Händler versuchen erfolglos, sich von der Feudalherrschaft zu befreien. Der wie ein Feudalherr regierende Oberst in La Oliva kann die Wirren sogar für sich nutzen, um seine wirtschaftliche Macht noch stärker auszubauen.
1834 Antigua wird nach Betancuria neue Hauptstadt Fuerteventuras.
1835 Aufgrund des regen Schiffsverkehrs in die Neue Welt wächst die Bedeutung der kanarischen Hafenstädte als Zwischenstation stetig. Fuerteventuras Hafen Puerto de Cabras (›Ziegenhafen‹), heute Puerto del Rosario, avanciert zum Verwaltungssitz der Inselregierung.
1836 Die Feudalherrschaft wird abgeschafft.
Mitte des 19. Jh. Blühender Handel mit dem roten Koschenille-Farbstoff, der sich aus der auf Opuntien gezüchteten Schildlaus-Larve gewinnen lässt.

Unter der spanischen Königin Isabella II. werden die Kanaren 1852 Freihandelszone

Vom Kanarenarchipel aus bereitet General Franco den Spanischen Bürgerkrieg vor

1852 Königin Isabella II. von Spanien erklärt die Kanarischen Inseln zur Freihandelszone, um die dortige Wirtschaft zu beleben.

1859 Isabella II. verfügt die Auflösung des Miliz-Regiments von La Oliva und entmachtet den amtierenden Oberst.

1860 Puerto de Cabras, heute Puerto del Rosario, wird endgültig zur Inselhauptstadt ernannt.

1880 Durch die Erfindung der Anilinfarben verliert der Koschenille-Farbstoff, der den Insulanern lange Zeit ein sicheres Auskommen bot, seine Bedeutung; viele Inselbewohner wandern daraufhin nach Lateinamerika aus.

um 1900 Zur Bewässerung der Felder werden die ersten Windräder zum Hochpumpen des Grundwassers errichtet.

1912 Mit der Einrichtung eines Inselrates, des *Cabildo Insular*, erhält Fuerteventura erste Selbstverwaltungsrechte.

1927 Die Kanaren werden in eine Ost- und eine Westprovinz aufgeteilt. Lanzarote und Fuerteventura bilden zusammen mit Gran Canaria die Ostprovinz gleichen Namens; Provinzhauptstadt ist Las Palmas de Gran Canaria.

um 1930 Der Anbau von Tomaten in großem Stil setzt sich durch.

1936–39 Spanischer Bürgerkrieg. Auf Fuerteventura übernehmen Franco-Anhänger, ohne auf Widerstand der Bevölkerung zu treffen, die Kontrolle über die Insel. Fuerteventura bleibt dadurch von militärischen Auseinandersetzungen verschont.

1940 Fördermaßnahmen sollen Fuerteventuras Landwirtschaft wieder auf die Beine helfen: Wasserversorgung durch Talsperren, Anbau von Sisal-Agaven zur Herstellung von Garn und Gewebe, Verbesserung des Trockenfeldbaus. Doch der Stausee bei Vega de Río Palmas ist verlandet, Tamarisken haben das Wasser salzig und damit für die Landwirtschaft unbrauchbar gemacht.

1956 Offizielle Umbenennung von Puerto de Cabras (›Ziegenhafen‹) in Puerto del Rosario.

1966 Eröffnung des ersten Ferienhotels ›Casa Atlántica‹ am langen Sandstrand der im Süden gelegenen Halbinsel Jandía.

1975 Trotz Protesten aus der Bevölkerung wird eine Einheit der Fremdenlegion aus der Kolonie Spanisch-Sahara nach Fuerteventura verlegt.

1977 Die Legionäre führen ein Schreckensregiment; Ermordung des Inselpräsidenten und eines Bürgermeisters.

1982 Die Kanarischen Inseln erhalten einen weitgehenden Autonomie-Status. Der Naturpark von Corralejo wird eingerichtet.

1986 Beitritt Spaniens zur Europäischen Gemeinschaft; die Kanarischen Inseln verweigern zunächst ihren Anschluss, da sie wirtschaftliche Nachteile befürchten.

1990 Der Tourismus avanciert zum wichtigsten Wirtschaftszweig; Höhepunkt der Bautätigkeit.

1992 Die Kanaren treten der EU als Vollmitglied bei, bleiben jedoch Freihandelszone (keine Mehrwertsteuer auf ihre Produkte). Es gel-

Der Mirador de Morro Velosa wurde mit dem 1998 eröffneten Aussichtspunkt besucherfreundlicher gestaltet

ten auch weiterhin die Zollbestimmungen für Nicht-EU-Länder.

1993 Baubeginn des Museumsdorfes ›Ecomuseo La Alcogida‹ bei Tefía. Nach etlichen Bauverzögerungen erfolgt die Eröffnung erst im Jahr 2003.

1995 Alle Strände in den touristischen Zonen werden mit der Blauen Europa-Flagge für Sauberkeit und gute Infrastruktur ausgezeichnet.

1996/97 Verlegung der spanischen Fremdenlegion von Puerto del Rosario auf das spanische Festland.

1998 Mit der Einweihung des Mirador de Morro Velosa im Naturpark bei Betancuria wird einer der schönsten Aussichtspunkte der Insel geschaffen.

1999/2000 Ausbau und Verschönerung der Meerespromenade von Puerto del Rosario; gleichzeitig erfolgt eine Sanierung der alten Fischerhäuser.

2001 Furcht vor Trinkwasserknappheit und überfüllten Stränden veranlasst die Kanarische Regierung, ein Gesetz zur Reglementierung des Tourismus vorzubereiten. Im Januar wird ein vorübergehender Baustopp für Hotels erlassen.

2002 Die Zahl der Touristen überschreitet die 1-Mio.-Grenze, mehr als 50 % kommen aus Deutschland.

2004 Das Bistum der Provinz Gran Canaria feiert sein 600-jähriges Bestehen.

2009 Die UNESCO ernennt die gesamte Kanareninsel Fuerteventura zum Biosphärenreservat.

2010 Durch die Erweiterung des Flughafens von Fuerteventura wird die gestiegene Anzahl an Passagieren bewältigt.

2011 Die rechtskonservative Partido Popular (PP) siegt unter ihrem Spitzenkandidaten Mariano Rajoy bei vorgezogenen Neuwahlen und verändert die politische Lage auch auf den Kanaren.

Seit den 1980er-Jahren boomt der Tourismus auf der Insel. Wo es sich anbietet, entstehen große Hotel- und Apartmentanlagen wie diese hier in Jandía Playa

Die wunderschön restaurierte Windmühle in Antigua steht inmitten von Grün und wird bewacht von einem urtümlich geformten Findling

Unterwegs

Der Norden – Dünen mit Hinterland

Fuerteventuras äußerster Norden ist die **geologisch jüngste Region** der Insel, nur 6000 bis 8000 Jahre alt. Damals wurde das Eiland durch mehrere vulkanische Eruptionen um diesen Teil vergrößert. Darüber legte sich im Laufe der Jahrtausende allmählich Treibsand und bildete die endlos scheinenden, inzwischen naturgeschützten **Dünen** im Nordosten, deren Sand dem Besucher beim leisesten Windhauch ins Gesicht oder auf die Windschutzscheibe des Wagens geblasen wird. Rund um das Hafenstädtchen **Corralejo** erhielt die Insel eine hervorragende *touristische Infrastruktur*. Vorgelagert ist das ebenfalls geschützte *Naturparadies* der **Isla de los Lobos**. Das südliche Hinterland lockt mit dem historischen Städtchen **La Oliva** sowie dem **Tindaya**, dem Heiligen Berg der Ureinwohner. An der Nordwestküste ist das einstige Fischernest **El Cotillo** mit dem nahen, mehr als 1 km langen *Sandstrand* und eindrucksvollen restaurierten *Kalköfen* ein touristischer Anziehungspunkt. Fast noch ein Geheimtipp ist dagegen an der Ostküste kurz vor Puerto del Rosario der Fischerhafen **Puerto Lajas**.

1 Corralejo

Lebhafter Urlaubsort mit Traumdünen.

Aus dem Fischernest, in dem noch in den 1950er-Jahren gerade einmal 200 Menschen in einfachen, niedrigen Häusern nahe dem Hafen lebten, ist inzwischen eine richtige **Ferienstadt** (14 400 Einw.) geworden. Diese Entwicklung begann 1968 mit dem Bau einer Apartmentanlage und – ein Jahr später – südlich von Corralejo mit dem Spatenstich für das Großhotel Tres Islas [s. S. 23]. In der Folge entstanden immer mehr Ferienunterkünfte am Rande der Hafenstadt. Nachdem 1982 die herrlichen Dünen ein paar Kilometer südlich von Corralejo, rund um die beiden bereits vorhandenen Hotels Tres Islas und Oliva Beach, unter strengsten Naturschutz gestellt wurden, baute man am Südrand des Ortes eine neue touristische **Infrastruktur** auf.

Die breiten alleeähnlichen Straßen und die zahlreichen bunt gestrichenen Gebäude vermitteln südländisches Flair. Hier herrscht Tourismus pur, steht Kneipe an Kneipe. Viele von ihnen gehören Rückwanderern und sind von lateinamerikani-

Entspannung pur – die Strände von Corralejo sind für Sonnenanbeter ein Paradies

schem Charme angehaucht. Ein *Supermercado* nach dem anderen wirbt um Kundschaft, Hotel reiht sich an Hotel, dazwischen oder dahinter breiten sich Apartmentanlagen aus. Eine lange Promenade verbindet den alten Fischerhafen mit dem südlichen Neubaugebiet. Sie führt im Süden weiter bis zu der faszinierenden Dünenlandschaft.

Die meisten *Hotels* und *Apartmentanlagen* sind auf Familien mit Kindern eingestellt, die es sich meist am Rande großer Pool-Landschaften inmitten gepflegter Gartenanlagen gemütlich machen können. Und nur die wenigsten der zentral wohnenden Gäste finden überhaupt den Weg zum Strand, der im Stadtbereich auch nicht gerade überwältigend ist. In Corralejo findet man Unterkünfte, Restaurants, Pizzerien, Bars und Cafés aller Preiskategorien. Viele Drei-Sterne-Häuser haben durchaus guten Standard, Pools gehören selbstverständlich zur Ausstattung

Corralejo ist längst zu einem Zentrum für **Aktivurlauber** avanciert. Kaum etwas, was hier nicht geboten wird! Man kann Fahrräder und Mountainbikes mieten, Segeln, Surfen und Tauchen lernen. Den Surfschulen allerdings ist es aufgrund der strengen Naturschutzbedingungen nicht mehr gestattet, in diesem Küstenbereich Kurse abzuhalten. Also transportieren sie ihre Schüler häufig in Minibussen an die Nordwestküste. Ohnehin weisen die stadtnahen Küstengewässer unweit der Dünen bei Ebbe und Flut unberechenbare Strömungen auf, die vor allem für Surfanfänger gefährlich werden können.

An der kleinen Mole

Corralejo mit seinem großen **Fährhafen** eignet sich hervorragend als Ausgangspunkt für Schiffsausflüge zur Nachbarinsel Lanzarote und zum vorgelagerten Naturparadies Isla de los Lobos – auf beide genießt man von der *Punta de Corralejo* im Nordosten den schönsten Ausblick. Südlich des Hafens liegt das ›alte Viertel‹, das auf seiner Meerseite nahe dem **Muelle Chico**, der kleinen Mole, recht attraktiv ist. Das liegt vor allem an der **Strandpromenade**, den netten Fischkneipen, einladenden Cafés und feineren Restaurants mit Tischen im Freien. Wenige Schritte sind es von der Promenade zur Ortsmitte, bis zur begrünten kleinen **Plaza Pública de Corralejo**, inzwischen zu einem Volksfestplatz umgestaltet. Die meisten Urlauber bleiben jedoch im Küstenbereich des Ortes oder machen einen Einkaufsbummel entlang der parallel zur Promenade verlaufenden, scheinbar endlos langen **Avenida Nuestra Señora del Carmen**.

Farbliche Akzente setzen die Cafés und Restaurants an der Promenade von Corralejo

Traumhafte Dünen und schwarze Lavabuchten

Im südlichen Teil der Stadt, parallel zur Avenida Nuestra Señora del Carmen bis hinunter zur küstennahen Avenida Grandes Playas stehen zahlreiche private Villen in liebevoll gepflegten Gärten und Apartmenthäuser im Bungalowstil, ebenfalls gerahmt von viel Grün. Hier folgt ein Strandabschnitt auf den anderen, einige sind recht malerisch in schwarzfelsigen Buchten gelegen.

TOP TIPP Aber gegen die Schönheit und Beliebtheit der **Playas de Corralejo**, des knapp 4 km südlich der Stadt liegenden, traumhaft schönen, 7 km langen Dünenstrands, haben diese Strände keine Chance. An den Playas sieht man überall im gleißend hellen Sand aufgetürmte Strandburgen, hinter denen Feriengäste ihr Sonnenbad genießen. Niedrige Büsche mit Wasser speichernden, fleischigen Blättern bedecken die Dünen: vor allem Dünen-Zypergras und Gliedermelde. Dazwischen setzt der stachelige Strauch-Dornlattich mit seinen kleinen Blüten gelbe Farbtupfer.

Am Anfang der Playas de Corralejo stehen das pyramidenförmige Hotel RIU Palace Tres Islas und das benachbarte Oliva Beach Resort. Der nördliche Teil des Dünenstrands wird inzwischen von Strandwächtern kontrolliert, auch ein (teures) Strandrestaurant ist vorhanden.

Fährt man von den Playas weiter nach Süden, hat man stets einen harmonisch wirkenden Vulkanberg im Visier, die 312 m hohe **Montaña Roja**, die mit ihrem rötlichen Schimmer (span. *rojo* für rot) tatsächlich ihrem Namen gerecht wird.

Im Visier des Betrachters – die 312 m hohe Montaña Roja nahe Corralejo

Ihre Ausläufer sehen aus wie dicke Elefantenfüße. Die Erhebung ist Teil der relativ jungen Entstehungsgeschichte von Fuerteventuras Norden, sie markiert die Grenze zum naturgeschützten Sandgebiet **El Jable** – nicht zu verwechseln mit dem Jable-Gebiet der Halbinsel Jandía im Süden [s. S. 102 ff.].

i Praktische Hinweise

Information

Oficina Información y Turismo, Avenida Marítima 2, Corralejo, Tel. 928 86 62 35, www.corralejograndesplayas.com, sowie am Fährhafen von Corralejo, Tel. 928 53 71 83.

Schiff

Nach Lanzarote: Autofähren und Bootsausflüge mehrmals tgl. nach Playa Blanca/Lanzarote (Fahrzeit 20–35 Min.) mit kleineren Anbietern oder den beiden großen Fährgesellschaften: *Fred. Olsen*, Tel. 922 62 82 00, www.fredolsen.es, und *Naviera Armas*, Tel. 902 45 65 00, www.navieraarmas.com.

Nach Lobos: Mehrere Anbieter am Hafen, darunter *El Majorero*, Tel. 619 30 79 49, und *Barco Isla de Lobos*, Tel. 699 68 72 94, www.islalobos.es. Mindestens viermal tgl. hin (morgens) und zurück (nachmittags). Fahrzeit ca. 45 Min.

Sport

Motorboottouren und Hochseefischen

Lobos Jets, Muelle Deportivo, Corralejo, Tel. 928 53 53 25. Verleih von Wasserjets.

Pez Velero, Muelle Deportivo, Corralejo, Tel. 928 86 61 73. Hochseefischen.

Mountainbiking

Vulcano Biking, Calle Acorazado España 10, Corralejo, Tel. 928 53 57 06, www.vulcano-biking.com

Surfen

Fuerte Fun Center, Avenida Grandes Playas 131, Corralejo, Tel. 928 53 59 99, www.fuerte-surf.com. Surfschule Michaela Cop (Filiale in Caleta de Fuste).

Flag Beach Windsurf and Kitesurf Centre, Apto de Correos 285, Corralejo, Tel. 928 86 63 89, www.flagbeach.com. Wind- und Kitesurfen.

Ventura Surf Center, Avenida Maritima 42, Corralejo, Tel. 928 86 62 95, www.ventura-surf.com

Red Shark Kite & Surf School, c/o Aparthotel Turicomplex Caleta del Mar, Corralejo, Tel. 928 86 75 48, www.redsharkfuerteventura.com. Kite- und Surfschule.

Auf der Sonnenterrasse kann man entspannt den Meerblick genießen

Tauchen

Dive Center Corralejo, Calle Nstra Señora del Pino 22, Corralejo, Tel. 928 53 59 06, www.divecentercorralejo.com

Padi Resort Punta Amanay, Calle El Pulpo L5, Corralejo, Tel. 928 53 53 57, www.tauchen-fuerteventura.de

Tennis

Tennis College Fuerteventura, Corralejo, Tel. 691 97 69 85, www.tennisfuerte.de

Wasserpark

BAKU, Avda. Nstra Sra. del Carmen 41, Corralejo, Tel. 928 86 72 27, www.bakufuerteventura.com

Nachtleben

Die Beliebtheit der zahlreichen Discos und Pubs schwankt fast jede Saison, Namen der Diskotheken werden geändert. Seit Jahren gleich beliebt:

Waikiki, am Stadtstrand. Hier geht es laut und fröhlich zu [s. S. 25].

Gute Stimmung herrscht auch im **CC Atlántico** an der Av. Nuestra Señora del Carmen/Ecke Calle Lepanto. Beliebt sind Pubs mit Live-Musik wie **The Dubliner Pub**. Der Treff für Surfer und Kiter ist das **Kiwi**. In der **Café Lounge**, El Pulpo 6, gibt es köstliche Cocktails. Rock'n Roll Cabaret und Livemusik bietet das **Jive Bunny**, Calle Pizarro 60.

Profis in Aktion – zahlreiche Surfschulen in Corralejo bieten auch Anfängerkurse an

Hotels

TOP TIPP *****Gran Hotel Atlantis Bahía Real**, Avenida Grandes Playas, Corralejo, Tel. 928 53 64 44, www.atlantishotels.com. Luxushotel mit vielfältigen Freizeitangeboten, großem Spa-Bereich, Mini-Club und Spitzengastronomie.

****Atlantis Dunapark**, La Red 1, Corralejo, Tel. 928 53 52 51, www.atlantishotels.com. Die einzelnen Gebäude des Viersternehotels nahe der Strandpromenade stehen leider sehr dicht beieinander. Gleichwohl handelt es sich um ein luxuriös ausgestattetes Haus mit Pool, Fitnessraum und Sauna.

****RIU Palace Tres Islas**, Avenida Grandes Playas 12, Corralejo, Tel. 928 53 57 00, www.riu.com. Der fünfstöckige Hotelbau öffnet sich pyramidenförmig nach Süden hin zum herrlichen Dünenstrand und besitzt eine großzügige Pool-Landschaft, einen Garten mit hohen Palmen und einen direkten Zugang zum Strand.

****Suite-Hotel Atlantis Fuerteventura Resort**, Las Dunas, Corralejo, Tel. 928 53 52 58, www.atlantishotels.com. Apartmentanlage rund um einen traumhaften Pool inmitten eines herrlichen Palmengartens. Mit Tennisklub und Fitnesscenter.

***RIU Oliva Beach Resort**, Avenida Grandes Playas s/n, Corralejo, Tel. 928 53 53 34, www.riu.com. All-Inclusive-Hotel direkt am Dünenstrand südlich des Hotels Tres Islas, integriert ist eine schmucke Apartmentanlage.

***Suite Hotel Fuentepark**, Calle Anguila 1, Corralejo, Tel. 928 53 53 10, www.fuentepark.com. Apartmentanlage mit 76 Wohnungen auf zwei Etagen jenseits der Hauptstraße; weitläufiger Garten mit Pool, separatem Kinderbecken und Kinderspielplatz.

Dem Meer entstiegen

Quer durch den Atlantik, von Norden nach Süden, zieht sich der **Mittelatlantische Rücken**, eine Spalte im 4000 m unter dem Wasserspiegel liegenden Meeresboden, aus der ständig Magma, durch Erdwärme geschmolzenes Gestein, quillt. Diese Kraft treibt die Atlantische und die Afrikanische Kontinentalplatte auseinander. Vor etwa 40 Mio. Jahren stieß die Afrikanische Platte gegen die Asiatische, und der Meeresboden zwischen dem Mittelatlantischen Rücken und Afrika wurde von 450 auf 410 km zusammengeschoben. Was war die Folge? Der Boden zerbarst in einzelne **Keile**: Die oben breiteren bildeten den Grundstock, die Basalkomplexe, für die Inseln des Kanarischen Archipels. An den Bruchstellen konnte die Kraft des Erdzentrums flüssiges Magma nach oben drücken.

Vor rund 23,5 Mio. Jahren stieg der erste Keil durch tektonische Kräfte über die Wasseroberfläche auf, der erste Teil **Fuerteventuras** war geboren. Im Laufe der nächsten 8 Mio. Jahre der Erdgeschichte drang weiteres Magma aus den Bruchstellen nach oben, Vulkane bauten sich auf und vergrößerten durch ausfließende Lava die Oberfläche der Insel. Zu dieser Schicht zählen die Gebirge der **Halbinsel Jandía** mit dem 807 m hohen Pico de Zarza, heute auch Jandía genannt, sowie das **Bergland** im Osten mit dem Rosa del Taro (593 m) zwischen den heutigen Orten Puerto del Rosario und Antigua.

Dann herrschte lange Zeit Ruhe auf der Insel. Wind und Wetter schliffen die Berge glatt, die Erosion schnitt allmählich tiefe Schluchten in die Landschaft. Vor etwa 5 Mio. Jahren schließlich kam es zu einer zweiten Welle vulkanischer Ausbrüche, Lava füllte die basaltischen Täler im **Zentrum** und im **Norden** Fuerteventuras.

Die kaum verwitterten, deutlich rauen, dunklen Berge und unwirtlichen Lavaflächen bei Pozo Negro, Malpaís Grande genannt, entstanden vor 10 000 bis 15 000 Jahren.

Andere Landschaften wie **El Jable** im Norden und die **Isla de los Lobos** wurden erst vor etwa 6000 bis 8000 Jahren geschaffen: Aus einem Riss quoll Lava und bildete die **Montaña de Lobos** (auf der heutigen Insel), die südwestlich von Corralejo verlaufende Vulkankette, bei La Oliva die **Montaña Arena** und östlich von Tiscamanita die an das Malpaís Grande angrenzenden Vulkankegel.

Wer auf den 269 m hohen **Bayuyo**, etwa 3 km südwestlich von Corralejo, steigt, kann von dort aus die Lavaschichten unterschiedlichen Alters hier im Norden bestens studieren.

Auf der Isla de los Lobos erwartet den Besucher die asketische Schönheit einer kargen, doch begrünten Lavalandschaft

Restaurants

Zentral an der Promenade

TOP TIPP **Cofradía Pescadores**, Avenida Marítima 5, an der Muelle Chico, Corralejo, Tel. 928 86 77 73. Überdachtes Terrassenrestaurant der Fischergenossenschaft, die belebtlaute Bar ist Treff der Einheimischen. Das Lokal selbst bietet stets frischen Fisch sowie Tapas, Hähnchen und Steak, außerdem gibt es preiswerte Kinderteller. Spezialität: große Fischplatte. Mittelpreisig.

El Rincón de Périco, Calle Iglesia 5, Corralejo, Tel. 928 86 61 79. Typisch spanisches Restaurant mit großer Tapas-Auswahl und guter Paella.

El Sombrero, Avenida Marítima 25, Corralejo, Tel. 928 86 75 31. Der Name verrät es schon: Hier wird im entsprechend ausgestatteten Restaurant an urigen Holztischen spanisch-mexikanische Küche serviert. Mittelpreisig (nur abends, Mi geschl.).

La Playita, Calle El Muelle Chico 8 (gegenüber der Cofradia), Corralejo, Tel. 928 53 63 71. Kleineres Fischrestaurant, in dem es auch gute einfache Fleischgerichte gibt. Spezialitäten: Paellas und Tapas, eigentlich *media raciones* (d.h. halbe Portionen, hier jedoch reichlich). Nach der Tapas-Karte fragen! Mittelpreisig.

Sotavento, Calle la Niña 7, Corralejo, Tel. 928 53 64 17. Köstliche Fleischgerichte wie Zicklein und Steaks sowie frischer Fisch sind die Spezialitäten des mittelpreisigen, geschmackvoll eingerichteten Restaurants, dessen Tische am Wasser auf dunklem *Picón* stehen.

Südlicher Bereich

Beletén, Calle Red 6, am Wendeplatz, Corralejo, Tel. 928 53 54 67. Restaurant am

Eine Szene wie gemalt – in den Abendstunden ist Corralejos Hafen in pupurnes Licht getaucht

Strand mit spanischen und internationalen Gerichten. Mittelpreisig (Mi geschl.).

Corintia, an der hübschen Playa Galera, vor dem Dunapark-Komplex, Corralejo, Tel. 928 86 61 05. In diesem Lokal direkt am Strand kann man sich mit Fischgerichten, aber auch mit gegrillten Fleischspezialitäten auf einer glasverkleideten Terrasse verwöhnen lassen. Leger, mittelpreisig.

La Terraza, Calle Aristides Hernández Morán, 10, im Komplex des Hotels Dunapark, Corralejo, Tel. 928 86 71 27. Sehr gemütlich mit Korbmöbeln eingerichtetes Terrassenrestaurant mit Steakspezialitäten vom Grill. Und den Tag kann man hier wunderbar mit einem Spezialfrühstück beginnen. Preiswert.

Poco Loco, Avenida Nuestra Señora del Carmen 11, Corralejo, Tel. 928 86 66 62. Gut besuchtes, urig in südamerikanischem Stil ausgestattetes Restaurant mit Fleischspezialitäten vom Grill. Höherpreisig.

Waikiki, Calle Aristides Hernández Morán 11, direkt am Stadtstrand, Corralejo, Tel. 928 53 56 97. Dreiteilige Anlage: Tagsüber gibt es Snacks an der Bar, abends Fisch- und Fleischgerichte im mittelpreisigen Restaurant und Fr/Sa Disco im Pub.

2 Isla de los Lobos

TOP TIPP

Das zauberhafte Natur- und Schnorchlerparadies steht unter strengem Naturschutz.

Wie eine Boa ragt die Insel, von Corralejo und den Dünen aus gesehen, aus dem Meer. Und zwar wie eine Boa, die frei nach dem ›Kleinen Prinzen‹ des französischen Dichter-Piloten Antoine de Saint-Exupéry einen Elefanten verschluckt hat. Das ›Opfer‹ steckt links im Schlangenkörper, rechts scheint sich das Eiland, immer flacher abfallend, im Atlantik zu verlieren.

Erste Abfahrt nach Lobos ist in der Regel um 10 Uhr von Corralejos Hafen. Je nach Programm dauert die Überfahrt mit dem Boot 45–60 Min., denn manche Kapitäne lassen ihre Gäste durch den Glasboden des Bootes die naturgeschützten Riffs mit ihrer farbenfrohen Unterwasserfauna ausführlich bestaunen. Nach der Ankunft hat man bis 16 oder 17 Uhr Zeit, sich auf der Insel umzusehen. Andere Besucher ziehen es vor, im oberhalb der Mole liegenden Lokal Fisch zu essen oder ein Sonnenbad zu nehmen.

Wie auf einem einsamen Eiland ausgesetzt, so fühlt man sich nach der Ankunft an der kurzen Mole von Lobos. Denn von hier aus sieht man nichts außer wilder, von Lava geprägter Naturkulisse, an schwarze Felsen schäumende Wellen, sattgrüne Spuren von Vegetation auf den meist sanften Hügeln und im Westen nahe der Wasserstraße zwischen Fuerteventura und Lobos die höchste Erhebung, die Montaña de Lobos (127 m). Und tatsächlich gibt es auf Lobos mit Ausnahme der Piste zwischen Anlegeplatz und Leuchtturm nur Trampelpfade.

Eine vollständige Umrundung des Eilands ist bis zum Ablegen der Boote nur ohne längere Zwischenstopps möglich. Nicht aber, wenn man immer wieder stehen bleiben möchte, um die herrlich duftende und blühende Vegetation und das abwechslungsreiche Bild der Küste zu genießen.

Geschichte Die lediglich 6 km² große Insel in der Meerenge **La Bocaina** zwischen den beiden großen ›Schwestern‹ Fuerteventura und Lanzarote entstand zusammen mit dem Norden Fuerteventuras vor rund 6000 bis 8000 Jahren. Erste Erwähnung fand das kleine Eiland 1339 auf einer Landkarte von Ancelino Dulcert als ›Insula de Vecchi marini‹, Insel der Meergreise. Gemeint waren damit die Mönchsrobben (span. *Lobos Marineros*), die der Insel im 15. Jh. den Namen gaben. Auch Seelöwen *(Focas)* gab es damals rund um die Insel. Als man die Jagd auf beide Tierarten freigab, führte dies innerhalb eines Jahrhunderts zu ihrer Ausrottung. Später diente Lobos zeitweilig als *Piraten-Schlupfwinkel*. Im Jahr 1863 wurde der **Leuchtturm** gebaut, der noch heute den Schiffen in der Bocaina und im **El Río**, der Fahrrinne zwischen Lobos und Fuerteventura, den Weg weist. Danach siedelten sich einige Bauernfamilien an und betrieben Ackerbau und Viehzucht. Noch heute findet man Überreste der Zisternen (*Aljibes*) und Ackermauern aus vulkanischen Natursteinen, der Kalköfen und Salinen.

In den 1960er-Jahren kamen dann die ersten **Touristen**. Da der damalige Leuchtturmwärter nach der Automatisierung des Leuchtturms im Jahr 1968 arbeitslos geworden wäre, erlaubte man ihm, ein **Fischlokal** zu eröffnen – schließlich lebten er und seine Familie ja vom Fischfang, der rings um die Insel immer noch lohnend ist. Allerdings ist es nicht jedem erlaubt, in den naturgeschützten Gewässern zu fischen, und auch die Surfschulen müssen sich ein anderes Revier suchen.

Glücklicherweise hat man der Insel Bausünden erspart, und nach zahlreichen Eingaben und Protesten konnte sie erfolgreich vor weiterer touristischer Erschließung bewahrt werden: 1982 wurde sie zum **Parque Natural** erklärt und 1987 in den Dünen-Naturpark von Corralejo integriert.

Besichtigung Antonios Restaurant nahe der Anlegestelle, heute *Isla de Lobos* [s. S. 28] genannt, wurde zur Keimzelle für die kleine Ansiedlung **Casas del Puertito**, in der heute ein paar Fischer Wochenendhäuschen besitzen. Vor einer **Wanderung** über die Insel empfiehlt es sich, erst einmal die wenigen Meter von der Mole zum Puertito zu spazieren, um dort einen Tisch für das Mittagessen zu reservieren. Sonst läuft man Gefahr, später keinen freien Platz mehr zu finden und auf den leckeren Fisch verzichten zu müssen. Casas del Puertito mit seinen aus schwarzen Lavasteinen errichteten, einstöckigen Häuschen liegt direkt an einer kleinen Lagune mit hellem **Sandstrand** und Verbindung zum Meer. Übrigens weisen beinahe alle kleinen und größeren, meist fjordähnlich verzweigten Buchten der Insel in ihrem Scheitelpunkt hellen, fast weißen Sand auf, der großartig mit dem Schwarz der Lavafelsen ringsum kontrastiert.

Eine herrliche Naturbadewanne ist **La Laguna**, die nächste Lagune in Richtung Nordosten, deren smaragdgrünes Wasser über tonigem Boden sich schnell erwärmt. Rings um den Strandsee gedeihen Salzpflanzen, mittendrin wächst der blau blühende, immergrüne *Mato*, der Kanarische Lavendel. Keine Frage, dass es sich bei der Lagune um ein wichtiges Biotop sowohl für die Pflanzen- als auch für die Tierwelt handelt, speziell für die selten gewordenen Fischadler, für die hier nistenden Möwen, Schmutzgeier oder Berberfalken, aber auch für Zugvögel, die an diesem Ort nur Station machen, um sich für den Weiterflug mit Nahrung zu stärken.

Immer wieder fallen in der rauen unwirtlichen Landschaft (*Malpaís*) die Öfchen (*Hornitos*) genannten, turmähnlichen Mini-Vulkankegel ins Auge. Ihre Entstehung verdanken sie Gasblasen: Diese hoben die flüssige Lava hoch, die dann an der Luft zu der charakteristischen Form erstarrte.

Wie ein dichter Teppich breiten sich geduckte Wolfsmilchgewächse (*Tabaibas*), weiße und gelbe Flechten, verschiedene buschige Salzpflanzen und rosa

Die kurze Mole führt zur winzigen Fischersiedlung Casas El Puertito, dem Inselzentrum

blühender Strandflieder, dessen zarte grüne Blätter nach einem Regenfall besonders dicht sprießen, sowie Strauch-Dornlattich auf den sandbedeckten Flächen und den schwarzen Lavabrocken aus. Ein kleiner Hain von hoch gewachsenen Sisalagaven erinnert daran, dass die Fischer einst, als es noch kein Nylon gab, aus den Fasern dieser Pflanzen die für ihre Arbeit unentbehrlichen festen Seile herstellten.

Die Sandflächen dehnen sich bis zum **Leuchtturm** (*Faro*) ganz im Nordosten aus und bilden den ›kleinen Bruder‹ des großen nördlichen *Jable* auf Fuerteventura. Wie dort gedeihen auch hier die wasserspeichernden, traubenähnlichen Jochblattgewächse (spez. *Desfontaines Jochblatt*) besonders prächtig. Zwischen Agavenhain und Leuchtturm stößt man auf die Reste einer Bauernsiedlung mit Zisternen und verwitterten Kalköfen. Vom Faro, zu dem ein rampenähnlicher Weg hinaufführt, genießt man einen herrlichen Blick auf Fuerteventuras Norden und Lanzarotes Süden.

Nun führt eine offizielle, zur Wartung des Leuchtturms angelegte breite **Piste** wieder nach Süden bzw. zum Landesteg zurück. Auf dem Weg in Richtung Vulkan sollte man sich auf der Meerseite noch die Überreste der **Salinen** anschauen, deren Becken sich bei Flut füllten. Danach wurde das Ablaufen des Wassers durch kleine Dämme gestoppt, das Wasser verdampfte und das Salz blieb zurück. Auch hier ist die Vegetation dem salzhaltigen Boden angepasst, weshalb man vor allem Strandflieder antrifft.

Dort, wo die Piste nach Süden abbiegt, strebt ein Trampelpfad direkt auf den Inselvulkan zu. Da der westliche Teil der **Montaña de Lobos** steil ins Meer abfällt, kann man sie nicht umwandern. Aber der 127 m hohe Aussichtsberg, ein eingebrochener Vulkankegel (*Caldera*), kann erklettert werden. Die Wanderer müssen dann denselben Pfad wieder abwärts gehen. Der Vulkankrater wird übrigens als ›Vater von Lobos‹ bezeichnet, da er sozusagen die Insel ausgespuckt hat.

Wieder auf der Piste in Richtung Anlegestelle, zieht sich zunächst ein zweites *Jable*-Gebiet leicht abwärts bis zum Meer, wo es an der **Punta El Marrajo** im Südwesten in der herrlichen, windgeschützten Sandbucht der **Playa Las Conchas** bzw. La Caleta endet. Es ist der beliebteste Strand der Insel, ein Paradies für Schnorchler und für Kinder, die im flachen Wasser sorglos planschen können.

Wer zur Mittagszeit zum Fischessen einkehren und trotzdem die Insel umrunden will, muss gut trainiert sein. Dann ist die Strecke ohne *Caldera*-Aufstieg und Leuchtturm-Besuch in zwei Stunden zu schaffen. Schöner ist es natürlich, wenn man sich mehr Zeit nimmt, um all die Eindrücke auf diesem Natur-Kleinod in Ruhe genießen zu können.

Ein dichter grüner Teppich aus niedrigen Wolfsmilchgewächsen überzieht die Isla de los Lobos

Auf alle Fälle sollte man für die Wanderung mit Getränken, Kopfbedeckung – Schatten gibt es auf dem Inselchen nicht – und Wanderstiefeln ausgestattet sein.

i Praktische Hinweise

Information

http://de.fuerteventura.com/lobos

Schiff

s. Corralejo, S. 21

Restaurants

Isla de Lobos/Casa Antonio, Einfaches Ambiente und köstlicher frischer Fisch vom Grill. Unbedingt nach der Ankunft vorbestellen, denn frischen Fisch gibt es nur, so lange der Vorrat reicht.

3 Lajares

Kunsthandwerksschule mit Tradition.

11 km südwestlich von Corralejo, auf der geradezu unwirtlichen Strecke durch das *Malpaís* nach El Cotillo an der Nordwestküste, erreicht man Lajares. Die meisten Besucher legen in dem Straßendorf einen Stopp ein, um die **Escuela de Artesanía Canaria** zu besuchen. Diese Kunsthandwerksschule blickt auf eine lange Tradition zurück und ist heute Teil eines großen Souvenirladens. Von portugiesischen Einwanderern nach der spanischen Eroberung eingeführt, entfaltete sich das Kunsthandwerk um die Wende vom 19. zum 20. Jh. zu voller Blüte. Das große Geschäft aber machten später Rückwanderer aus Amerika und Portugal, indem sie die Hausfrauen der Insel als billige Arbeitskräfte beschäftigten. Dies mochte *Natividad Hernández López*, eine Frau aus Lajares, irgendwann nicht mehr mitansehen. Sie überzeugte die Stickerinnen davon, ihr den Handel mit ihren Produkten anzuvertrauen. Dann machte sie sich auf nach Las Palmas de Gran Canaria, wo es viele reiche Familien gab. Ihnen verkaufte sie die schönen Kunsthandwerksarbeiten. Mit ihren Lieferantinnen rechnete sie fair ab, sodass diese endlich den verdienten Lohn für ihre Arbeit erhielten. Nachdem das Geschäft zu florieren begann, gründete *Natividad Hernández López* 1950 die Stickereischule, um Nachwuchs auszubilden. Inzwischen ist die Ausbildungsstätte in Lajares neben der Stickereischule in Puerto del Rosario zur bedeutendsten ihrer Art auf Fuerteventura avanciert. Hinzu kommt, dass traditionsreiches Kunsthandwerk inzwischen auch mit EU-Geldern gefördert

wird und damit die Zukunft der abgelegenen Regionen gesichert sein sollte. Dennoch kosten die mühselig von Hand gefertigten Arbeiten, vor allem die Hohlsaumstickereien (*Calados*), nicht eben wenig. Dafür sind sie garantiert authentische Mitbringsel. Auch andere auf der Insel hergestellte Produkte wie schöne Keramik- und Korbwaren sowie Trachten werden hier zum Kauf angeboten.

Da in Lajares früher einmal Ziegenhaltung und Ackerbau betrieben wurden, überrascht es nicht, dass im Ortsteil *Casas de Arriba* zwei kanarische **Gofio-Windmühlen** überlebt haben, in denen nach Guanchen-Art das geröstete Getreide zu Mehl verarbeitet wurde: Es handelt sich um eine ›weibliche‹ *Molina* [s. S. 71] mit dem über Eck angebauten Haus des Müllers, das gleichzeitig als Pfarrhaus genutzt wurde, und einen *Molino*, das ›männliche‹ Pendant.

Den großen gepflasterten Platz dahinter besetzt die weiß leuchtende einschiffige **Ermita San Antonio**. Den Schlüssel für die Kirche erhält man normalerweise im Anbau der Molina (an der Tür mit dem Bildnis des hl. Antonius darüber klopfen!). Die Sakristei hinten rechts wurde erst im 20. Jh. dem Baustil der Kirche angepasst, die schwarze Ecksteine und einen schwarzen offenen Glockenstuhl aufweist. Die Portale sind jeweils in einen schlichten, knallgelb gestrichenen Rundbogen eingelassen.

Im *Inneren* steht rechts vom Westportal an der Langhauswand ein altes *Taufbecken* undefinierbaren Alters auf einer unbeholfen gedrehten, kannelierten Säule aus hellem lokalem Kalksandstein. Es wird heute als Weihwasserbecken genutzt – für die seltenen Taufen in dieser Kapelle dient der moderne Taufstein vor dem Hochaltar.

Der neugotisch gestaltete *Hochaltar* präsentiert sich mit naiven Bildern neueren Datums im leicht finster wirkenden Stil El Grecos. Einen Blick wert ist rechts am Ende der Ostwand eine etwa 30 x 20 cm kleine *Ikone*, welche die Krönung einer bäuerlich-lieblich dargestellten Maria durch zwei Engel zeigt.

i Praktische Hinweise

Einkaufen

Escuela de Artesanía Canaria, Calle Coronel del Hierro 14, Lajares, Tel. 928 86 83 00. Authentisches Kunsthandwerk der Kanaren bzw. der Insel, vor allem die für Fuerteventura so typische *Calado*-Stickerei (So geschl.). Im selben Gebäude befindet sich die nette Tapas-Bar **Los Piratas**, in der man gut einkehren kann.

Restaurant

El Patio de Lajares, Calle La Cerca 9, Lajares, Tel. 650 13 40 30, www.patio-lajares.com. Im Gourmetrestaurant mit Belle-Époque-Flair offeriert Rainer Feuchter kreative Speisen. Im Weinkeller lagern 150 verschiedene Weinsorten (Mo, Di geschl.). Auch Zimmervermietung.

Hell erstrahlt die putzige einschiffige Ermita San Antonio im Inseldorf Lajares

Ein Anblick, den man so schnell nicht wieder vergisst – Castillo de Tostón von El Cotillo

4 El Cotillo

Ein wahres Paradies für Strandläufer und Brandungssurfer.

Nördlich der Straße von Lajares nach El Cotillo fallen größere Sandflächen auf, die sich zu Füßen einer Kette kleiner Vulkankegel ausbreiten. Es handelt sich um fossilen Sand, der die Küstenlinie markiert, wie sie vor 8000 Jahren bestand. Danach wurde die Insel durch Eruptionen nach Norden hin vergrößert [s. S. 23]. Über diese erdgeschichtlich sehr junge Landbildung nachzudenken, bleiben 7 km, dann ist auch schon El Cotillo erreicht. Das einst eher gesichtslose Fischernest hat sich inzwischen durch Neubauten, in erster Linie zahlreiche Ferienapartments, vergrößert.

Die fjordartige **alte Hafenbucht** im Süden mit ihren steil abfallenden, wie aus Knetmasse geformten schwarzen Felswänden wirkt recht malerisch. Auf der breiten Rampe wurden einst die Schiffe hochgezogen, nachdem sie die gefährliche Einfahrt zwischen den Klippen passiert hatten. Das gelang in erster Linie Ortskundigen, Piraten hatten da wenig Chancen! Auf einer Seite der Bucht haben kleine Kneipen ihre Tische verteilt, sodass man hier hübsch einen *Café cortado* oder Fisch genießen und den Blick über Hafen und Küste schweifen lassen kann. Weiter südlich, hinter hohen Lavafelsen versteckt und durch eine Betonmole geschützt, wurde der **neue Hafen** angelegt. Dort können nun auch größere Boote ohne Probleme einlaufen und vor Anker gehen.

Signalfarben – im rot-weiß gestreiften Gewand präsentiert sich der Faro del Tostón

Oberhalb des neuen Hafens liegen die wichtigsten historischen Sehenswürdigkeiten El Cotillos. Dazu gehört vor allem der mächtige, frei stehende **Castillo de Tostón** von 1740, dessen baugleiches Gegenstück man in Caleta de Fuste [s. S. 57] südlich von Puerto del Rosario findet. Die Bastion sollte den einst so wichtigen Kalk-Ausfuhrhafen in erster Linie vor Überfällen englischer Piraten schützen. Der im Grundriss runde Turm von etwa 15 m Durchmesser verjüngt sich nach oben. Über eine kleine Steintreppe kommt man zunächst zu einer Zugbrücke an starken Eisenketten und dann zum Portal. So wurde potenziellen Angreifern der Weg ins *Innere* der Festung abgeschnitten. Links hinter dem Eingang befindet sich die Pulverkammer, in der 18 Zentner hochexplosives Material aufbewahrt wurden. Von einem zweiten, recht finsteren Raum geht es über eine Steintreppe zu einer gepflasterten Plattform,

die Platz für drei Geschütze bot, und zu einer Zisterne, die 7 m³ Wasser fassen konnte. Damit waren die Verteidiger längere Zeit autark. Auf dem Gelände befindet sich heute die Touristeninformation.

Zwischen Festungsturm und Fischerort stehen drei restaurierte **Kalköfen**, die kleinen Festungen zum Verwechseln ähnlich sehen. Wer den konischen Gebilden ›aufs Dach steigt‹, hat die Möglichkeit, ihr zweigeschossiges Innenleben zu betrachten und dessen Funktion auszukundschaften: Der untere, niedrigere Raum war der eigentliche Ofen und wurde mit Holz befeuert. Durch die entstandene Hitze wurde dann der Kalk im oberen turmähnlichen Hauptraum gebrannt. Lange Zeit war der gebrannte Kalk die wichtigste Einnahmequelle der Insel und fand vor allem auf Gran Canaria Absatz.

Die größte Attraktion von El Cotillo allerdings sind die schönen *Strände*, die das Fischerdorf längst aus seinem Dornröschenschlaf geholt haben. An der südlichen, mehr als 1 km langen, goldsandigen und unverbauten **Playa del Castillo**, die zu traumhaften Spaziergängen bei Sonnenuntergang einlädt, treffen sich tagsüber vor allem Body- und Brandungssurfer. Für Schwimmer freilich können die hohen Wellen ganz schön gefährlich werden.

Bessere Möglichkeiten für ein erfrischendes Bad im Atlantik bieten die **Caletillas**, die kleinen, hellen Sandbuchten Richtung **Faro del Tostón**. Einsam ist es hier am Leuchtturm allerdings nur noch selten, denn in der Nähe gibt es inzwischen einige kleine Feriensiedlungen. Und es wird weiter gebaut.

Auf dem Weg zum Leuchtturm, am nordöstlichen Dorfrand, steht die kleine einschiffige **Ermita de Nuestra Señora del Buen Viaje,** 1834 errichtet. Zunächst ist nur der winzige offene Glockenstuhl zu sehen, dann vor dem Portal ein Kalvarienkreuz. Von hier aus genießt man einen schönen Blick aufs Meer.

Der gesamte Komplex des **Faro del Tostón** beherbergt das **Museo de la Pesca Tradicional** (Di–Sa 10–18 Uhr). TOP TIPP Im ehemaligen Leuchtturmwärter-Haus werden das Leben und die Arbeit der Fischer dokumentiert. Ein 0,8 km langer Rundweg führt von hier vorbei an Informationstafeln mit Erläuterungen zu den Themen Fischerei, Meer, Pflanzen- und Tierwelt oder Wasserprob-

Dieser Surfer genießt den Blick auf die schäumenden Wellen am Strand von El Cotillo

lemen. Letzt genanntes Thema wird anschaulich am restaurierten **Aljibe** (Zisterne) demonstriert, in dem das Wasser für den Leuchtturm gesammelt wurde.

i Praktische Hinweise

Information

Oficina Información y Turismo, Castillo de Tostón, El Cotillo, Tel. 609 20 79 67, Mo–Fr 9–15, Sa–So 9–14 Uhr

Hotel

Marea Viva, Calle San Pedro 2, El Cotillo, Tel. 928 53 85 98, www.marea-viva.eu. Das hübsche und liebevoll gestaltete kleine Hotel mitten im Ort bietet freundlich eingerichtete Zimmer und einen kleinen Pool auf der Dachterrasse.

Apartments und Zimmer

In jeder Bar, jedem Restaurant werden Apartments und Zimmer vermittelt, da viele Dorfbewohner ihre Häuser für Touristen öffnen.

Casa Tile, Vorort El Roque, Tel. 630 96 37 11, über www.finca-kanaren.de buchbar. Schön restauriertes, sehr ruhig gelegenes Landhaus mit Innenhof, Swimmingpool und Grill. Ein Wohn-/Schlafzimmer, zwei Schlafzimmer, ein Bad.

Juan Benitez, La Caleta 4-6, unweit des neuen Hafens, El Cotillo, Tel. 928 53 85 03, www.apartamentos jbenitez.com. Neue, gut ausgestattete Apartments in einem hübschen Haus im sog. kanarischen Stil.

Restaurants

Praktisch alle guten Fischrestaurants des Dorfes sind mittel- bis höherpreisig.

La Higuera, Vorort El Roque, an der Straße nach Lajares, km 35, El Cotillo, Tel. 928 53 86 44. Nett mit Holztischen eingerichtete Räume, Terrasse im Garten. Mediterrane Küche mit verschiedenen Pasta-Gerichten, Fisch und Fleisch (So geschl.).

La Marisma, Calle Pedro Cabrera Saavedra 3, El Cotillo, Tel. 928 53 85 43. Fischlokal in orangefarbenem Gebäude am Rande des Dorfkerns. Es handelt sich um eines der besten Restaurants des Ortes. Auch gute Fleischgerichte werden hier serviert.

La Vaca Azul, Muelitto viejo, am alten Hafen, El Cotillo, Tel. 928 53 86 85. Das Lokal mit Terrasse im Obergeschoss liegt direkt am Hafen. Geboten werden Fleisch- und Fischgerichte sowie Pizza. Auch ein preiswerter Hauswein wird angeboten (Mo oder Di geschl.).

5 La Oliva

TOP TIPP

Historisch bedeutender Ort mit imposanter Pfarrkirche, großartigen historischen Gebäuden sowie einem interessanten Kunstzentrum.

Einst stand der Ort inmitten von Olivenhainen, die ihm auch den Namen gaben. Heutzutage wird nur noch wenig Landwirtschaft betrieben, Arbeit gibt es in den touristischen Betrieben an der Küste. La Oliva breitet sich in einem weiten Tal auf 219 m Höhe aus, umgeben von sanftgeformten Vulkanen. Tagsüber ist wenig los in dem Ort (1360 Einw., im Gemeindegebiet rund 22 900 Einw.), dessen Attraktionen vom Tourismus noch nicht so richtig entdeckt wurden.

Die große Zeit von La Oliva liegt schon einige Jahre zurück: Von hier aus bestimmte 1708–1859 das Militärregiment die Geschicke der Insel. Seit 1812 ist La Oliva eine selbstständige Gemeinde, zu der auch Corralejo [Nr. 1] gehört. Inzwischen verfügt der Ort über genügend finanzielle Mittel, um sich auch heute wieder repräsentative Bauten leisten zu können.

Gute Parkmöglichkeiten findet man fast immer vor der Pfarrkirche **Nuestra Señora de la Candelaria**, die in der Regel nur während der Messe (Mi 18 und So 12.30 Uhr) geöffnet ist. Auch wenn die genaue Bauzeit des dreischiffigen Gotteshauses nicht bekannt ist, so geht man doch davon aus, dass es bereits im 17. Jh. existierte, dies ist die Entstehungszeit des *Westportals*. Es wurde, zeitlich verspätet, im Renaissancestil gestaltet. Ebenso wie der wuchtige vierstöckige *Glockenturm* besteht es aus schwarzen Lavasteinen. Ansonsten präsentiert sich die Kirche mit Ausnahme ihrer dunkel abgesetzten Kanten in gleißendem Weiß. Aus hellerem Lavastein ist die Einfassung des rundbogigen *Südportals*, in dessen Nähe links eine steile Treppe in den zweiten Stock des wehrhaften Glockenturms führt. Dieser konnte bei Piratenüberfällen die gesamte Dorfbevölkerung aufnehmen. Rechts vom Südportal steht eine der für die Kanaren typischen äußeren Stützwände, die wohl wegen ihrer Größe mit einem Durchgang versehen wurde. Das helle, halbrunde *Nordportal* blickt auf ein angenehm schattiges Plätzchen mit gemauerten Bänken. Tritt man ein paar Schritte zurück, ist im Chorbereich mit der Sakristei eine sehenswerte Dachlandschaft mit unterschiedlich hohen Kuppeln zu entdecken.

Wer die Hallenkirche durch das *Westportal* betritt, wird überrascht sein von ihrem großzügigen *Inneren*. Fast raumhohe Bögen trennen die Schiffe voneinander, die ebenso wie die Rundpfeiler und die gebündelten Vierungsstützen aus hellem Kalksandstein bestehen, während die Mudéjardecken aus dunklem Holz gearbeitet sind. Nur im Chor und in den Kapellen an den Enden der Seitenschiffe liegen die Mudéjardecken tiefer – was auch die hübsche Dachformation am Außenbau zu erkennen gibt.

Blickfang der fünfteiligen *Hochaltarwand* ist die kleine Skulptur der *Candelaria* mit Kind – eine Kopie der kanarischen

Das Innere der Kirche Nuestra Señora de la Candelaria beeindruckt mit seiner Weitläufigkeit

Schutzpatronin aus Teneriffa. Der Hostienschrein unterhalb der Figur besteht aus schwerem, fein gearbeitetem Silber. In der relativ reich ausgestatteten Kirche sollte man unbedingt noch die auf den Kanarischen Inseln so beliebte, drastische Darstellung des ›Jüngsten Gerichts‹ an der linken Langhauswand und die hübsche Holzkanzel auf ihrem fein geschnitzten Fuß beachten.

Die Portal-Einfassung der Casa del Capellán ist eine kunstvolle Steinmetzarbeit

Ein für die Kanaren einmaliges kunsthistorisches Kleinod versteckt sich rechts hinter einem kleinen Haus auf dem Weg zur Casa de los Coroneles: die winzige, restaurierte **Casa del Capellán**. Ihren Namen verdankt sie der Annahme, es handle sich bei ihr um das frühere Pfarrhaus, obwohl das Gebäude eigentlich etwas zu weit entfernt von Nuestra Señora de la Candelaria steht. Die Entstehungszeit der Casa liegt im Dunkeln, fast ist man versucht, sie angesichts der schönen Steinmetzarbeiten an den Tür- und Fenstereinfassungen in die auf den Kanaren verspätet eingetretene Renaissance zu verlegen, also in die Erbauungszeit der Pfarrkirche (17. Jh.). Die geometrischen und pflanzlichen Ornamente in hellem Kalksandstein sind so fein gearbeitet, als seien sie aus weichem Holz geschnitzt worden. Ähnlichem Dekor, der deutlich indianischen, mittelamerikanischen Ursprungs ist, begegnet man noch am Hauptportal der Kirche in Pájara [s. S. 74]. Über Eck angebaut sind zwei Räume, die als Ställe gedient haben könnten, und auf der Rückseite des Hauses befindet sich ein gemauerter Pferch.

Am Rande des Ortes stößt man auf die **Casa de los Coroneles** (Di–So 10–18 Uhr). Das lang gestreckte zweistöckige Gebäude aus der Mitte des 18. Jh., in dem einst das Militärregime residierte, macht sich ausnehmend hübsch vor dem pyramidenförmigen Hausberg von La Oliva, der *Montaña Oliva* (326 m), präsentiert sich aber architektonisch eher schlicht. Die zweistöckige Fensterflucht an der

Blickfang – malerisch erhebt sich die 326 m hohe, pyramidenförmige Montaña Oliva

Schauseite zieht sich bis zu den zinnenbekrönten, nur leicht erhöhten Ecktürmen hin. In der Mitte greift die steinerne Portaleinfassung in das obere Stockwerk hoch. Die untere Fensterreihe mit ihren braunen Holzläden reicht fast bis zum Boden. Lang gezogen sind auch die Fenstertüren im Obergeschoss, die auf hölzerne Balkone führen. Insgesamt handelt es sich um die erstaunliche Anzahl von 117 Fenstern nach außen und zum großen Innenhof hin, auch wenn eine vielfach kolportierte Mär erzählt, es gäbe an der Casa de los Coroneles für jeden Tag des Jahres ein Fenster, also 365. Dies ist auf die Beschreibung der Bevölkerung zurückzuführen, die weder schreiben noch rechnen konnte und damit ihr Staunen und ihre Begeisterung über den eindrucksvollen Bau zum Ausdruck brachte.

Schon 1708 hatte sich der erste Oberst aus der Familie Cabrera Béthencourt in La Oliva niedergelassen. Als militärischer Machthaber konnte er sich riesige Ländereien aneignen und immer mehr politischen Einfluss gewinnen. Bald gehörte der Familie fast ein Drittel Fuerteventuras. So erstaunt es nicht, dass man ein größeres Landhaus als die Casa de los Coroneles auf den gesamten Kanaren vergeblich suchen wird!

Bis 1994 gehörte das Herrenhaus einer großen Erbengemeinschaft, Nachfahren der einstigen Herren von Fuerteventura, dann konnte die Inselverwaltung (*Cabildo Insular)* das Anwesen erwerben und mit der überfälligen Restaurierung beginnen. Von 2001 bis 2006 dauerten die Arbeiten, mit 1 Mio € von der EU unterstützt. Nun erstrahlt das edle Gebäude in neuem Glanz, die Balkone mit ihren Schnitzereien machen wieder Eindruck und über dem Eingang ist das Wappen der Erstbesitzer, der Cabreras Béthencourt wieder deutlich zu sehen: Krone, Baum und Ziege. Das Haus kann jetzt auch innen besichtigt werden, ab und zu finden hier Ausstellungen und Theateraufführungen statt.

Nicht weit vom alten Gutshaus stößt man auf das Kanarische Kunstzentrum, das *Centro de Arte Canario,* in der **Casa Mané** (in Privatbesitz, Mo–Sa 10–17 Uhr), dessen Entstehung einer Privatinitiative zu verdanken ist. Mané ist übrigens der

Ornamentale Prachtentfaltung als Serie – die Casa de los Coroneles mit ihren Fenstertüren

Das unheimliche ›Pferd im Porzellanzimmer‹ ist ein Werk des Surrealisten Alberto Manrique

Rufname für *Manuel Delgado Camino* aus Gran Canaria, der einen Teil seines Geldes, das er ursprünglich mit Bilderrahmen, später auch als Kunstsammler und Kunsthändler verdient hatte, in eine Stiftung steckte. Jetzt verwaltet seine Tochter Mara das Anwesen.

Im Kunstzentrum, das aus einem großen Garten und mehreren Gebäuden besteht, führt links eine Rampe in die unterirdisch gelegene *Pinakothek*. In dem langen, nach rechts abknickenden Korridor erhält man einen Überblick über die zeitgenössische Malerei der Region. Besonders interessant sind die Landschaftsdarstellungen von dem aus Elche (Costa Blanca) stammenden *Alberto Agulló* (* 1931), die im wahrsten Sinne des Wortes aus dem Rahmen fallen: Teile der plastisch ausgearbeiteten Motive ragen über die Rahmen der Bilder hinaus.

Camino hat mit seiner Casa ein würdiges Umfeld für die Werke von insgesamt 25 Künstlern geschaffen. Der ›oberirdische‹ Teil des 1992 eröffneten Zentrums ist in eine gepflegte, typisch kanarische, wüstenhafte Gartenlandschaft eingebettet. Sogar Fuerteventuras Ziegen wurden nicht vergessen: Auf schwarzem *Picón* (vulkanischem Gestein) weidet eine Herde von 72 ganz unterschiedlichen ›Scherenschnitt‹-Ziegen aus rostigem Eisen, die sehr lebendig wirken. Alberto Agulló gab seinem Werk den Namen ›Rebaño: Cabras de Fuerteventura‹ (Pferch: Ziegen von Fuerteventura). Andere Skulpturen aus Eisenschrott wie etwa der gigantische ›Majohoré‹, der Herr der Winde – seine göttliche ›Funktion‹ wird durch Mobiles unter seinen Armen symbolisiert –, wachsen in den meist wolkenlosen Himmel.

Zum festen Bestand der Casa Mané gehören weitere Kunstwerke von Alberto Agulló, die teilweise an César Manrique erinnern, den berühmten, aus Lanzarote stammenden Allround-Künstler. In einem weiteren Raum hängen die recht wilden Ölbilder des in Las Palmas de Gran Canaria lebenden Malers *Mario Antigono* (* 1941). Seine Figuren scheinen sich nur mühsam aus dem Pinselschwung der Formen lösen zu wollen. Sie verstecken sich im Rausch der Farben, werden eins mit der dargestellten Natur, wie etwa die Rückenansicht einer gut gebauten männlichen Aktfigur inmitten einer gewaltigen Springflut.

Auch *Alberto Manrique* (* 1926) – nicht verwandt mit César Manrique – stammt aus Las Palmas de Gran Canaria. Ein Surrealist, dessen sich aufbäumende Pferde immer wieder faszinieren, vor allem wenn eines von ihnen durch ein Zimmer voll mit Porzellan galoppiert …

TOP TIPP

Schräg gegenüber der Pfarrkirche führt der Weg Richtung Ortsmitte, Richtung El Cotillo, zur **Casa de la Cilla** (Tel. 928 86 87 29, Di–Sa 10–18 Uhr). Sie beherbergt heute das *Museo del Grano*, ein Bauernmuseum mit dem Schwerpunktthema Getreide. Hier kann man die frühere Lebensgrundlage der Insel neben der Fischerei, die Landwirtschaft, und die mühsame Arbeit der Bauern kennen lernen.

Die Casa de la Cilla (Zehnthaus) von La Oliva wurde als Getreidespeicher und

Lagerraum für Olivenöl genutzt. Deshalb ist sie fast fensterlos, und die relativ kleinen Öffnungen im oberen Bereich dienten lediglich der Luftzufuhr. Der Zehnt war die steuerliche Abgabe der Bauern an den Gutsherrn oder die Kirche, ursprünglich ein Zehntel der Ernte oder anderer Einkommen. Den einstigen Dreschplatz auf der Rückseite schmückt heute eine üppig blühende Bougainvillea. Die seitlich angebauten Räume sind weiß gekalkt und mit blauen Läden sowie schmiedeeisernen Gittern gesichert. Vor diesem Idyll befindet sich ein zauberhafter, liebevoll gepflegter Garten mit vielen Blumen. Ganz in der Nähe, mitten in einem großen, einst ummauerten Areal, steht eine große Zisterne.

i Praktische Hinweise

Landhäuser

Casa de las Portadas y Fimbapaire, Las Portadas 12 (2 km östlich von La Oliva), Tel. 928 86 80 61. Zwei nette Landhäuser mit je 2 Wohnungen in den Hügeln.

Villa Volcána, C/Tabaiba 27, Villaverde, Tel. 928 86 86 90, www.living-atlantis.de. Mehrere liebevoll eingerichtete Studios auf einem ausgedehnten Grundstück, die Besitzerin bietet geführte Wanderungen u.a. auf den Tindaya an.

Restaurant

Malpey, Calle La Orilla 67, La Oliva, Richtung El Cotillo nach der Cilla auf der linken Seite, Tel. 928 86 80 60. Typische Inselgerichte, Spezialitäten sind *Chuleta Malpai* (Kotelett) und Ziegenfleisch. Preiswertes Tagesmenü, auch Paella und *Bocadillos* (belegte Brötchen).

6 Villaverde

Kleines Dorf mit hübschem Kirchlein und schmucken Bauernhäusern.

Nur 3 km nordöstlich von La Oliva auf der FV-101 Richtung Corralejo liegt das hübsch herausgeputzte Dorf Villaverde mit den meist einstöckigen, kastenförmigen weißen Häusern, der mit Palmen gesäumten Straße und dem Kirchlein mit dem langen Namen **Ermita de San Vicente Ferrer de Villaverde**. Liebevoll wurde der Platz vor der Kirche mit Akazien (*Mimosaceae*) geschmückt. Hauptportal und Glockenstuhl befinden sich auf der Rückseite. Alle Ecken der weiß gekalkten einstigen Klause aus dem 18. Jh. sind mit dunklen Vulkansteinen betont – ein auf der Insel weit verbreitetes Schmuckmotiv, das sich auch häufig an den Häusern dieser Streusiedlung wiederholt.

Drei Sehenswürdigkeiten machen den Ort zu einem lohnenden Ziel. Von La Oliva kommend am Ortseingang zieht zunächst die **Casa Museo La Rosita** (Tel. 928 17 53 25, Di–Sa 9–17 Uhr), ein original restauriertes Landgut, die Aufmerksamkeit auf sich. Es zeigt Ausstellungen, die über das Leben der Bauern informieren. Im ausgedehnten Hof laden imposante Kamele zum Ritt ein, im schwarzen Malpaís wird die

Liebevoll restauriert ist die Casa Museo La Rosita am Ortseingang von Villaverde

Heiliger Berg der Guanchen und geheimnisvolle Kultstätte – der Tindaya

endemische Pflanzenwelt der Insel gezeigt. Energie bezieht das Anwesen von Wind und Sonne.

Schon in der Dorfmitte wird auf die **Cueva del Llanos** (Tel. 928 17 59 28, Di–Sa 10.15–12.45 und 14.45–17.15 Uhr, Führung jede halbe Stunde) hingewiesen. Sie befinden sich nördlich von Villaverde an der FV 101. 400 Meter des Lavatunnels sind begehbar, die dort gemachten Funde, darunter zahlreiche Fossilien, kann man z. T. im Museumsgebäude besichtigen.

i Praktische Hinweise

Restaurant

Casa Marcos, Carretera General 35, Villaverde, Tel. 928 86 82 85. Bar-Restaurant in einem hübschen, renovierten bäuerlichen Anwesen. Mit kreativer kanarischer Küche, zeitweise gibt es Zicklein und Ziegenfleisch (12.30–23 Uhr, Di geschl.).

7 Tindaya

Der Heilige Berg der Guanchen mit geheimnisvollen Felsritzungen.

Auch diese Streusiedlung besitzt an ihrem Rand eine kleine einschiffige Kapelle, deren offenen Glockenstuhl aus dunklem Gestein drei heidnisch anmutende Symbole schmücken: Links und rechts sieht man kopfähnliche Darstellungen, während das mittlere Symbol möglicherweise für die Fruchtbarkeitsgöttin Tara von Gran Canaria steht.

Doch die weitaus größere Attraktion dieses Ortes ist die hinter der Kapelle aufragende **Montaña de Tindaya**, die dem Ort seinen Namen gab. Seit Jahren macht dieser 397 m hohe, sehr majestätisch wirkende Berg wegen eines geplanten Großprojekts immer wieder Schlagzeilen in der spanischen, ja sogar in der internationalen Presse. Was steckt dahinter? Unterstützt von der kanarischen Regierung und der Gemeinde La Oliva beabsichtigte der baskische Bild-

TOP TIPP

hauer *Eduardo Chillida* (1924–2002) im Inneren des Tindaya eine gewaltige Höhle zu schaffen. Nur zwei Ausgänge sollten den Raum mit der Außenwelt verbinden, der eine mit dem Atlantik, der andere mit dem Himmel. In dem 50 x 50 m großen kubischen Raum sollte sich jeder Besucher als ›Bruder seiner Mitmenschen‹ fühlen und der Heilige Berg der Guanchen ein ›Monument der Toleranz‹ werden.

Seinen Traum konnte sich Chillida, der auch die Skulptur vor dem Kanzleramt in Berlin geschaffen hat, nicht mehr erfüllen. Von Anfang an, noch zu seinen Lebzeiten, war sein ehrgeiziges Projekt mit Skepsis betrachtet worden, denn der Naturschutz rund um den Tindaya hatte für die spanischen Behörden Vorrang. Auch galt es, die zahlreichen archäologischen Funde, die es auf dem Berg zu entdecken gibt, zu schützen. Doch trotz dieser Einwände und Bedenken soll das großspurige Vorhaben weiterhin auf seine Realisierung hin geprüft werden.

Gleichzeitig wacht das Amt für Denkmalschutz und Umwelt, das *Medio Ambiente*, streng über den Tindaya und schreibt vor, dass der Berg nur mit Genehmigung und Führer bestiegen werden darf [s. S. 40]. Am besten unternimmt man die *Wanderung* am frühen Morgen, jedoch möglichst nicht bei starkem Wind, der oben ganz schön lästig werden kann. Unerlässliche Voraussetzung für dieses ›Abenteuer‹ sind gute Kondition, Trittsicherheit und Schwindelfreiheit, denn die schlichte Pyramidenform des Berges täuscht. Wer etwa die Felsritzungen sehen möchte, muss steile, glatte Steinplatten überwinden.

Am westlichen Rand von Tindaya, ca. 1,5 km von der Dorfmitte entfernt, an der Carretera Cotillo, lebt und arbeitet die Keramikkünstlerin *Juana María*, die vor allem die Töpferkunst der Altkanarier wieder aufleben lässt. Ihre Werkstatt mit den markanten Brennöfen davor und den Tontauben auf dem Dach ist nicht zu verfehlen.

Am südlichen Ortsende weist ein riesiges Reklameschild auf die Käsestation **Quesos de Tindaya** hin, die den im Ort produzierten köstlichen Ziegenkäse zum Verkauf anbietet.

Um zum **Unamuno Denkmal** zu gelangen, fährt man auf der FV-207 von Tindaya Richtung Tefía bei km 2 in der Kurve rechts eine Piste bergauf. In Höhe einer etwas verwilderten Bauernhütte biegt links eine zweite steile Schotterpiste ab, die man hinauffahren oder -gehen muss. Nun steht man direkt vor dem am Hang der Montaña Quemada errichteten übermannshohen Denkmal für *Don Miguel de Unamuno* (1864–1936), das auf hellem Sockel aufragt. Es stammt von dem kanarischen Bildhauer Juan Borges Linares. Eingeweiht werden durfte das Monument für den baskischen Dichter-Philosophen und Regimegegner, der 1924 nach Fuerteventura verbannt worden war, allerdings erst 1980, nach dem Ende der Franco-Diktatur.

i Praktische Hinweise

Restaurant

Bar María, am Ortseingang von Tindaya. In dieser großen Bar mit Restaurant wird immer eine Auswahl an preiswerten, frisch zubereiteten *Tapas* angeboten, darunter die köstlich gewürzten *Lapas* (Napfschnecken), die in der heißen Pfanne serviert werden. Außerdem gibt es Pizza und inseltypische Fleischgerichte (nur vormittags und am Wochenende).

Wo die Götter ihre Spuren hinterlassen haben

Ein beeindruckender Blickfang ist der glatt geschliffene Vulkanberg **Tindaya**, der sich hinter den weißen Häusern des gleichnamigen Dorfes erhebt. Schaut man sich den sanften Hang genauer an, so fallen Öffnungen auf, die optisch die Harmonie des Gesamtbildes stören. Für diese dem Berg erst im 20. Jh. zugefügten ›Krater‹ gibt es eine traurige Erklärung: Es handelt sich dabei um Abbaustellen eines erst nach Protesten von Naturschützern aufgelassenen **Steinbruchs**, aus dem man den schönen roten Trachyt schlug und für den Bau von Häusern verwendete.

Für den **Aufstieg** auf den Tindaya lässt man sich den Weg zu dessen Fuß am besten in der **Bar María** [s. S. 39] am Ortseingang erklären. Dann läuft man westlich, in Richtung des Ortes El Cotillo, bis man zu einer kleinen Steinhütte kommt. Meist trifft man dort schon auf einen erfahrenen Bergführer, welchem der Wanderer den **Permiso**, die Erlaubnis für die Besteigung des Berges (s. u.), vorzeigen muss. Und schon kann unter Anleitung eines Guides die Erkundung des Tindaya beginnen.

Etwa 213 **Felsritzungen** (Grabados) der Guanchen hat der wettergegerbte Bergführer auf dem Tindaya gezählt. Zahlreiche dieser altehrwürdigen geschichtlichen Zeugnisse sind allerdings bereits durch Vandalismus und unachtsame Kletterer unwiederbringlich zerstört worden. Auch die obere, helle und brüchige Schicht über dem Trachyt löst sich immer wieder in dünnen Platten ab, wie der Guide ab und an demonstriert. Einfühlsam versucht er, den ausländischen Besuchern, deren Sprache er nicht spricht, die Probleme des Tindaya und seiner Beschaffenheit näher zu bringen. Erst wenn ihm die volle Aufmerksamkeit seiner Zuschauer gewiss ist, führt er die Neugierigen zu den ersten Felsritzungen.

Hervorragend gelingt es ihm, die Spannung zu steigern. Zuerst verweist er auf einfache Zeichen, auf abgerundete Rechtecke oder Ovale, die sich bei genauerem Hinsehen als Fußpaare mit deutlich konturierten Zehen entpuppen. Manche dieser in den Fels geritzten Zehen sind allerdings so lang, dass sie auch als Finger identifiziert werden könnten. Paarweise angeordnete Fußabdrücke wurden auch im indoeuropäischen Raum gefunden. In alten Quellen und Dokumenten werden diese als Spuren der unsichtbaren Götter gedeutet.

Unterhalb des Gipfels, dessen Höhe der Bergführer entgegen den Angaben auf Karten mit 404 m anstatt 397 m angibt, sieht man auf ebenen Felsflächen auch einige **Tumuli**, Reste von in den Stein gehauenen, teilweise der menschlichen Form angepassten Gräbern mit darüber geschichteten Steinen. Hier auf dem 18 bis 20 Mio. Jahre alten Tindaya besaßen die Ureinwohner der Insel eine **Kult- und Grabstätte**. Und diese – so die einhellige Meinung von Fuerteventuras Naturschützern – darf nicht durch moderne Kunstideen in Mitleidenschaft gezogen werden.

Besonders empfindlich reagierte man deshalb auf die Idee des baskischen Künstlers **Eduardo Chillida** (1924–2002), zwei Tunnels von der Höhle im Zentrum des Berges hinauf zur Oberfläche des Tindaya, zur altkanarischen Kultstätte mit den in den Fels geritzten Fußabdrücken, zu bohren. Der erste Tunnel sollte auf die Sonne gerichtet sein, der zweite auf die »Unendlichkeit des Meeres«.

Übrigens: Es sind nicht nur die Zeugnisse aus der Frühzeit, die den Besucher faszinieren, sondern auch der traumhafte **Blick vom Gipfel** über weite Teile der Insel: im Norden über den Barranco de Esquinzo hinweg zur Montaña Prieta (208 m) und dahinter zur Montaña Blanca (306 m). In nordöstlicher Richtung ist das zwischen alte Vulkanberge gezwängte Tal von La Oliva auszumachen, weiter südlich davon der 527 m hohe Morro Tabaiba. Vom Tindaya direkt nach Süden blickt man auf die Montaña Quemada (294 m), hinter der schemenhaft der Tegú (645 m) zu erkennen ist.

Die **schriftliche Genehmigung** zur Besteigung erhält man beim Medio Ambiente in Puerto del Rosario (Calle Secundino Alonso/Ecke Calle San Roque, 2. Stock, gegenüber einer Tankstelle, Tel. 928 86 11 15, Mo–Fr 8–15 Uhr) sowie in Corralejo (Plaza Maria Santana Fisquero A, Tel. 928 53 53 18).

8 Vallebrón

Wohlhabendes Landstädtchen mit einer sehenswerten Ermita.

In Vallebrón, 6 km östlich von Tindaya, geben sich traditionelle Dorfarchitektur und moderne Wohnkultur ein Stelldichein. Immer noch haben die restaurierten, weiß gekalkten **Bauernhäuser** ihre leicht schrägen Flachdächer, die das kostbare Regenwasser in eine Zisterne leiten. Andererseits sind die niedrigen kubischen Gebäude modern eingerichtet und geben Familien ein Zuhause, deren Ernährer in der nahen Inselhauptstadt Arbeit gefunden haben. Den gestiegenen Wohlstand von Vallebrón dokumentieren auch die zahlreichen hier angepflanzten Palmen und der große Kindergarten am unteren Dorfrand.

Vallebrón, direkt am *Barranco de Tinojáy* gelegen, der an dieser Stelle ziemlich breit ist, wird vom 510 m hohen **Morro de los Rincones** gegen den Nordwind geschützt. Während seine Hänge einst völlig terrassiert waren und landwirtschaftlich genutzt wurden, sieht man heute nur noch wenige Felder am Talgrund, auf denen etwas angebaut wird. Vallebróns **Ermita de San Juan** mit ihrem winzigen Glockenstuhl aus Holz steht etwas abseits am oberen Ortsrand auf einem gepflegten großen Platz, der mit schwarzen Lavakieseln ausgelegt ist. Einen wundervollen Blickfang bilden die kunstvoll aus hellem Kalksandstein gemeißelten *Portale*. Die Flügel des Hauptportals sind in Kassetten aufgeteilt, zwei Löwen mit langen Schwänzen schließen das kleine Tympanon, den dreieckigen Ziergiebel, darüber ab. Auch im *Inneren* überraschen den Besucher hübsche Details: die schlichte moderne Mudéjardecke mit ornamental akzentuierten Querbalken und die spätbarocke reich geschnitzte und farbig gefasste *Hochaltarwand* mit einer Madonna, die ein wallendes weißes Gewand trägt.

Der 5 km Luftlinie weiter östlich am selben Barranco gelegene kleine Ort **Caldereta** mit seinen Flachbungalows am Rand und den alten Bauernhäusern im Kern besitzt ebenfalls eine kleine, allerdings weitaus bescheidenere *Ermita*. Sie steht auf einem weiten Platz und ist gerahmt von einfachen Reihenhäusern sowie dem *Centro Socio Cultural*, dem Gemeindesaal und Treffpunkt der Einheimischen.

9 Tefía und Ermita de San Agustín

Kleines Streudorf mit interessantem Museumsdorf in alten Bauernhäusern, einer restaurierten Mühle und einer schönen Ermita.

Schon von weitem grüßt das kleine Tefía mit zwei prächtigen Araukarien. Weitere Attraktionen sind die sieben großartig restaurierten *Bauernhäuser* am südlichen Ortsrand, die viele Jahre lang ungenutzt vor sich hinträumten und nun das

Die Ermita de San Juan von Vallebrón überrascht mit einigen hübschen Details

Ecomuseo de la Alcogida (Di–Sa 10–18 Uhr) bilden. Dokumentiert wird hier das traditionelle Landleben, der landwirtschaftliche Arbeitsalltag mit Ackerbau und Viehzucht sowie das traditionelle Kunsthandwerk. Die Werkstatt des zuvor im Molino de Antigua [s. S. 64] arbeitenden Töpfers Pablo Valverde y Ferreiro ist in einem der Bauernhäuser untergebracht. Außerdem arbeiten hier Stickerinnen, Weberinnen, Schreiner, Steinmetze und Flaschner. An der Rezeption auf der anderen Straßenseite gibt es Audioguides, auch in Deutsch.

Nicht zu übersehen ist auf der anderen Dorfseite die ebenfalls schön restaurierte ›männliche‹ Windmühle, *Molino*, mit ihren sechs Flügeln. Sie markiert den Eingang der **Escuela Taller de Tefía**, einer Berufsfachschule für Handwerk. Hier lernen die jungen Leute vor allem die Kunst der Restaurierung.

Auf eine Windmühle vom ›weiblichen‹ Typ **Molina** stößt man am Ortseingang. Ihr gegenüber führt eine Straße auf die östliche Dorfseite, hinauf zur kleinen weißen **Ermita de San Agustín**. Sie ist von einer Mauer umgeben, doch steht das dazugehörige Tor im Gegensatz zum Kirchenportal fast immer offen. So kann man zumindest die Kirchenfassade aus der Nähe betrachten und auf dem Dach u. a. eine sitzende Figur mit breitem Becken, schlankem Körper und kleinem Kopf entdecken. Sie soll wahrscheinlich wie in Tindaya die kanarische Fruchtbarkeitsgöttin Tara darstellen. Die fast maurisch anmutende Kuppel über dem erhöhten Chorraum ist mit lasierten Keramikplatten bedeckt. Diese sind so angeordnet, dass sie Streifen und dazwischen jeweils ein Kreuz in den Farben Ocker und Grün bilden. Der kleine offene Glockenstuhl links trägt die Jahreszahl 1848 und gibt damit die Erbauungszeit der Kapelle an. An ihrer linken Seite befinden sich ein Kinderspielplatz und eine winzig kleine offene Arena für die *Lucha Canaria*, den kanarischen Ringkampf. Hinter der Anlage erhebt sich, fast dramatisch schwarz und nackt, der Hausberg von Tefía, der 625 m hohe **Cuchillos**.

Oben: *Das Ecomuseo de la Alcogida in Tefía lockt mit seinen Bauernhäusern, Kunsthandwerkerstudios und ein paar Tieren*
Unten: *Wohnen wie anno dazumal – Schlafzimmer im Freilichtmuseum von Tefía*

10 Puertito de los Molinos

Eine aufregend schöne Basaltschlucht und ein idyllisches Fischernest.

Am südlichen Rand von Tefía zweigt ein breites Asphaltband (FV-221) von der Hauptstraße nach Westen in Richtung Puertito de los Molinos ab. Hier beginnt das landschaftlich sehr abwechslungsreiche Naturschutzgebiet **Parque Rurál Betancuria**, eine Mischung aus abgeschliffenen braunen Vulkankegeln, tiefen *Barrancos* mit überraschend reicher Vegetation und verlassenen Terrassen, die auf frühere Bewirtschaftung hindeuten.

Vor dem Weiler *Las Parcelas* führt eine kaum befahrene Piste südwestwärts zum knapp 3 km entfernten Staudamm für den **Embalse de los Molinos**. Die Anlage stammt aus den 1930er-Jahren, als man hoffte, mit dem Wasser die angrenzenden Felder bewässern zu können. Das erwies sich als teure Fehlkalkulation, denn es regnet selten stark genug, um das Reservoir zu füllen, und so liegt es meist trocken in der Sonne.

Wer auf den Abstecher verzichtet, fährt weiter Richtung Westen. Bald stößt die Straße an den nördlichen Rand des tiefen **Barranco des los Molinos** mit seinen teils steilen Basaltwänden. Nach 1 km führt sie dann dicht an den nördlich gelegenen Barranco de la Casa heran. Dahinter erblickt man die Feriensiedlung **Colonía García Escámez**. In den umgebauten Bauernhäusern leben heute vermögende Leute aus Puerto del Rosario, die das

Bizarres Kunstwerk der Natur – der ›Wasserfall‹ des Barranco de los Molinos

Wohnen auf dem Land dem Stadtleben vorziehen.

Am Barranco de los Molinos sollte man unbedingt aussteigen und sich genauer umsehen. Er führt häufig etwas Wasser, darum ist die Flora hier wunderbar üppig. So erblickt man große Schilfinseln, rosarot blühenden Oleander und dichtes Gras.

Bald schon taucht im Hintergrund die Westküste auf, die nach weiteren knapp 2 km erreicht ist. Nun trifft man auf ein Idyll, das man an dieser schroffen Küste nicht erwartet hätte: Unter dem Brückchen, vor dem die Piste endet, schnattern Enten im dichten Bewuchs einer kleinen Lagune, während die Terrasse des kleinen Fischlokals *Casa Pon* zu einer Schlemmerpause einlädt. Auf der rechten Seite der Bucht schlagen die Wellen hoch an die schwarzen und braunen Felsen des Barranco. Hier, in dem winzigen Hafen **Puertito de los Molinos**, kann man es wunderbar aushalten. Die kleinen *Fischerhäuser*, die oberhalb der Bucht liegen, sind längst in Ferienhäuser umgewandelt und nur noch an den Wochenenden oder in den Schulferien bewohnt. Eine niedrige, halbrunde und muschelverzierte *Kapelle* bewacht die kleine Siedlung und den darunter liegenden pechschwarzen Strand. Bei ruhiger See kann man in der Bucht auch baden. Über ihr, auf schroffem Fels, sieht man die Reste einiger Mühlen, die einst dem Platz seinen Namen ›Kleiner Hafen der Windmühlen‹ gaben.

i Praktische Hinweise

Restaurant

Casa Pon, Puertito de los Molinos. Kleines, einfaches Terrassenrestaurant mit traumhaft schönem Meerblick und wenigen, aber köstlichen Fischspezialitäten.

Peitschende Wellen und markante Felskulisse in der Bucht von Puertito de los Molinos

11 Tetír

Interessanter, wenig besuchter Ort mit einer berühmten Folkloregruppe.

Ein Städtchen, das kein Ausflugsbus anfährt, das auch in vielen Beschreibungen Fuerteventuras fehlt, das muss wohl ohne Konturen, ohne Sehenswürdigkeiten sein. Doch weit gefehlt, denn Tetír ist durchaus einen Besuch wert!

Mit dem Auto erreicht man Tetír von Tefía aus in einem Bogen: zuerst fährt man nach Norden über die FV-207 und an der nächsten Kreuzung nach Osten über die FV-10 Richtung Puerto del Rosario. Für Besucher, die den anderen Weg von der Küste kommen, gilt: Tetír liegt an der Hauptstaße Corralejo–Puerto del Rosario, rund 10 km nordwestlich der Inselhauptstadt.

Schon von weitem gewahrt man den fremdartig wirkenden, pagodenartig gestalteten siebenstöckigen Glockenturm, dessen Kanten mit rotbraunem Vulkanstein abgesetzt sind. Er gehört zu der einschiffigen Pfarrkirche **Santo Domingo de Guzmán** aus dem 18. Jh., einem der gepflegtesten Gotteshäuser der Insel. Durch das Westportal, das in den Turm selbst integriert ist, gelangt man in die Kirche. Im *Inneren* empfangen den Besucher eine neue Holzempore über dem Portal und eine frisch gefasste dunkle Mudéjardecke. Licht erhält der mit zahlreichen Kapellen und Gemälden ausgestattete Raum durch schlichte barocke Fenster an den Langhauswänden. An der linken Seite fällt ein etwa 1,20 m hohes *Kruzifix* ins Auge, das Christus mit schmalem, bärtigem Gesicht und langem Haar zeigt, von dem sich die Dornenkrone nur wenig abhebt. Im Chor entdeckt man rechts und links der Kanzel freigelegte *Fresken*, die durch die später eingefügte Sakristeitür fragmentiert wurden.

Auf dem Platz vor der Kirche erinnert eine Büste an den wohl bedeutendsten Sohn von Tetír, *Juan Rodríguez y Gonzalez* (1825–1893), den Gründer der Banco de Canarias. Außerdem kann man hier noch einige schöne Häuser im kanarischen Stil bewundern, die sog. Guillotine-Fenster aufweisen, welche zum Öffnen nach oben geschoben werden. Die Dorfstraße wird von Palmen und Indischen Lorbeerbäumen beschattet.

Zwischen dem Chor der Kirche und einem zauberhaften kleinen kanarischen Haus mit erhöhtem Balkonzimmer breitet sich der Platz der berühmten Folklore-Gruppe von Tetír aus. Diese **Agrupación Folclórica de Tetír** wurde 1973 von dem Dorflehrer Luís Vila gegründet. Vila war stets darauf bedacht, nicht nur die bekanntesten Lieder der Insel wie *Folías* und *Isas*, *Malagueñas*, *Seguidillas* und *Romances* sowie Tänze wie *Berlina* und

Wie Bauklötze wirken die Bauteile des Glockenturms von Santo Domingo de Guzmán in Tetír

Chotis, *Polka* und *Siote* zu pflegen. Er forschte auch intensiv nach alten Liedern, bearbeitete sie neu und nahm sie ins Repertoire auf. Mehr als 40 aktive Mitglieder zählt die Gruppe, die auch eine eigene, bäuerliche Tracht entworfen hat.

Bei so viel Traditionspflege ist es nur natürlich, dass am westlichen Dorfrand von Tetír auch ein *Terrero* steht, eine Arena für die *Lucha Canaria*, die kanarische Form des Ringkampfes.

i Praktische Hinweise

Restaurants

Guacimara Union, Calle Domingo J. Manrique 13, Tetír, Tel. 928 85 21 31. Bekannt für gute kanarische Küche.

La Tahona de Tetír, parallel zur Calle Domingo J. Manrique, Tetír, Tel. 618 30 89 88 und 649 89 31 77. Zicklein aus dem Ofen zählt zu den wohlschmeckendsten Gerichten.

Diese drastische Darstellung des ›Jüngsten Gerichts‹ kann man in Tetírs Pfarrkirche betrachten

12 El Time

Abstecher zu einem vergessenen Kirchlein am Wegesrand.

Wieder einmal muss man erst nach dem Schlüssel fragen, um ein sehenswertes Gotteshaus zu besichtigen – doch die Mühe lohnt sich. Im 2 km östlich von Tetír gelegenen Los Estancos beginnt der Abstecher über die FV-219 nördlich nach El Time, dessen letzte Häuser am *Barranco de Guisguey* stehen.

Anders als auf vielen Karten eingezeichnet, steht die **Ermita de las Mercedes** östlich, also rechts der Dorfstraße. Der Schlüssel wird im Haus auf der gegenüberliegenden Straßenseite aufbewahrt, und wenn man Glück hat, ist auch jemand zu Hause. Das gepflegte, einschiffige barocke Kirchlein mit dem kleinen offenen Glockenstuhl über dem schlichten Westportal lohnt durchaus einen kurzen Besuch. Es besitzt außer einer teils geschnitzten Mudéjardecke eine spätbarock-klassizistische Hochaltarwand, deren Mittelnische eine bäuerlich geprägte ›Madonna mit Kind‹ – beide mit Silberkronen – beherbergt. Auffallend sind auch die ausgeprägten Kissenkapitelle des Triumphbogens.

El Time, sonst ganz ohne Infrastruktur, eignet sich bestens als Ausgangspunkt für Wanderungen in den Barranco, ob nach Westen Richtung La Matilla oder nach Osten Richtung Guisguey. Aber man sollte daran denken, dass das trockene Flussbett teilweise einem wilden Steinverhau ähnelt – also nur etwas für Leute mit guter Kondition und festem Schuhwerk ist. Der Barranco kann von hier aus befahren werden, allerdings ausschließlich bei Trockenheit und nur mit einem Geländewagen.

13 Puerto de Lajas

Zauberhaftes Fischernest mit einem Kalkbrennofen und einer Molina.

Auch wenn die Anfahrt etwas verwirrend ausgeschildert ist, sollte man sich Puerto de Lajas nördlich von Puerto del Rosario auf keinen Fall entgehen lassen. Denn das einstige Fischernest wächst zu einer kleinen Schönheit heran. Wohlhabende Insulaner haben das Fleckchen entdeckt und restaurieren die alten Häuschen.

Eine Piste trennt die Ansiedlung vom Meer bzw. vom **Strand**, der zwar steinig und kiesig, aber trotzdem einladend ist und weiter südlich in eine dunkelsandige Bucht übergeht. Ein paar bunte Fischerboote sind an Land gezogen und setzen hier einige Farbtupfer. Am südlichen Ende, etwas landeinwärts, ragt eine restaurierte *Windmühle* in den Himmel, und im Norden des Dorfes hat sich noch ein alter *Kalkbrennofen* erhalten.

Romantiker finden im winzigen **El Jablito** etwa 4 km nördlich eine noch ursprüngliche Idylle. Nach einem kurzen Stück über eine ungepflegte Piste kommt man zu einer fjordartigen Sandbucht mit winzigen Fischerhütten und kleinen Fischerbooten. Nur im Sommer gibt es hier eine Bar.

Herausgeputzt und außerordentlich fotogen ist die Windmühle von Puerto de Lajas

Puerto del Rosario – Inselmetropole in neuem Glanz

Lange Zeit fristete Puerto del Rosario, die erst im 19. Jh. gegründete Inselhauptstadt, ein Schattendasein. Die einstmals eher glanz- und gesichtslose **Hafen- und Verwaltungsstadt**, Sitz der meisten Behörden und zugleich das wirtschaftliche Zentrum Fuerteventuras, wurde von den Besuchern in der Regel links liegen gelassen. Auch die Einheimischen blickten leicht verächtlich auf Puerto de Cabras herab, den ›Ziegenhafen‹, wie das Städtchen einst hieß. Dabei herrscht hier stets geschäftiges Treiben, und wer wirklich Einblick ins Alltagsleben der Einheimischen nehmen will, findet viele interessante Beobachterposten. Vor einigen Jahren erwachte bei Stadtvätern wie Bewohnern zudem ein neues Selbstbewusstsein: Das heruntergekommene Zentrum war ihnen ein Dorn im Auge und mit großem Engagement begann man mit der Sanierung der **historischen Bausubstanz**. Was Denkmalpfleger und Stadtplaner bis heute entlang der Flaniermeile an der Uferpromenade, der **Avenida de los Reyes de España**, und an der darüber liegenden Zeile mit den Fischerhäusern zustande gebracht haben, kann sich sehen lassen. Zudem bietet die Umgebung reizvolle Ausflugsmöglichkeiten, sei es zu den **Salinas del Carmen**, zur Feriensiedlung **Caleta de Fuste** mit dem malerischen Festungsturm oder etwas weiter südlich zum Urlaubsort **Playa la Guirra** mit Villen, (Luxus-) Hotels und Golfplatz.

14 Puerto del Rosario

Vom ›Ziegenhafen‹ zur herausgeputzten Hauptstadt Fuerteventuras.

In einer weiten Bucht an der Ostküste, ausgebreitet zwischen dem Atlantik und dem kaum merklich ansteigenden Hinterland, liegt die Inselmetropole mit ihren 35 700 Einwohnern. Das Landesinnere scheint sich hier – ohne die markanten Bergsilhouetten anderer Inselorte – im Endlosen zu verlieren. Im großen Bogen umfährt man Puerto del Rosario auf einer autobahnähnlichen **Ringstraße**, welche die Stadt vom Durchgangsverkehr frei hält. Trotzdem wird es in den Einkaufszeiten, vor allem vormittags und am Spätnachmittag, eng auf den Straßen, und das kleine **Stadtzentrum** pulsiert vor lebendiger Geschäftigkeit. Ebenso wie an der Uferpromenade Avenida de los Reyes de

Hafenidylle – Fuerteventuras Hauptstadt Puerto del Rosario in den Abendstunden

España, der ›Schokoladenseite‹ von Puerto, wird hier an der Sanierung gearbeitet. Erst mit dem wirtschaftlichen Aufschwung durch den Tourismus waren das Interesse und auch das Geld vorhanden, um zu restaurieren, was so lange unter bröckelndem Putz verborgen lag. Dazu gehörten die teils gemauerten, teils aus dem Stein gehauenen alten Fischerhäuser auf dem Felsen hoch über dem Meerboulevard, deren Putz inzwischen leider wieder abblättert.

Geschichte An dem einstigen Ankerplatz für Handelsschiffe, der bereits 1426 auf einer *venezianischen Seekarte* vermerkt ist, wurden v.a. Ziegen aus dem ca. 10 km nordwestlich gelegenen Tetír verladen. Als genügsame Allesfresser waren sie ein idealer Lebendproviant für die Besatzung der großen Handelsschiffe. Den Hafen nannte man daher ab dem 18. Jh. Puerto de Cabras, **›Ziegenhafen‹**. Ständig bewohnt ist der Ort erst seit 1795. Als Erstes wurde ein Gasthaus errichtet, das Kaufleute beherbergte. Diese handelten vor allem mit Soda, das in Europa bei Seifensiedern und Glasbläsern begehrt war. Gewonnen wurde es durch Verbrennen von *Barilla*, einem salzhaltigen Mittagsblumengewächs, dessen Asche man zu festen Sodasteinen presste.

Im 19. Jh. nutzten dann die **Engländer** den Hafen als Stützpunkt, um von hier aus den Handel mit Gran Canaria und dem europäischen Festland zu kontrollieren. 1806 löste sich Puerto de Cabras von der Mutterpfarrei in Tetír und wählte sich die Rosenkranzmadonna, auf Spanisch *Virgen del Rosario*, als Schutzpatronin für die eigene Pfarrkirche. Als sich Puerto de Cabras 1835 zur selbstständigen Gemeinde ausrief, lebten und arbeiteten hier bereits an die 500 Menschen.

Der inzwischen vor allem durch den Handel mit Soda, Kalk, Ziegen und dem Farbstoff der Koschenille-Laus zur Gewinnung von Purpur florierende Hafenort wurde 1860 zur **Inselhauptstadt** ernannt. Darüber hinaus wurde ihm 1925/26 außer Casillas del Ángel auch die frühere ›Muttergemeinde‹ Tetír einverleibt. Heute gehören auch noch die Orte El Matorral, Guisguey, La Ampuyenta, La Asomada, Llanos de la Concepción, Puerto Lajas und Tefía zum Gemeindegebiet. Erst 1956 durfte sich die Stadt nach langen Bemühungen der Stadtväter entsprechend dem Namen ihrer Schutzpatronin in Puerto del Rosario umbenennen. Noch heute ist es manchen geschichtsbewussten Inselbewohnern ein Dorn im Auge, dass ihre Hauptstadt einst nach den Ziegen hieß, doch inzwischen deckt die Rosenkranzmadonna milde ihren Schutzmantel über diese Schande…

In den 1950er-Jahren war in Puerto del Rosario eine **Fischereiflotte** für den Sar-

Dieser fantasievollen Muschelskulptur begegnet man am Hafen der Inselhauptstadt

dinenfang vor der afrikanischen Küste stationiert. Damals lohnte sich sogar der Bau einer Fischkonservenfabrik, in der bis 1979 außer Sardinen auch Thunfisch und Makrelen verarbeitet wurden. Doch als die Fischgründe durch die rücksichtslose Ausbeutung im Jahr 1979 endgültig erschöpft waren, musste die Fabrik geschlossen werden.

Ab 1975 wurden die Bewohner von *Puerto*, wie die Inselbewohner ihre Stadt der Einfachheit halber nennen, noch mit einem Problem ganz anderer Art konfrontiert: mit der **Spanischen Fremdenlegion**, die man aus der Westsahara hierher versetzt hatte. Eine unruhige Zeit begann, die Legionäre sorgten immer wieder für Schlagzeilen, vereinzelt auch für handgreifliche Krawalle und waren sogar in Mordfälle verwickelt. Als jedoch die ungeliebten Legionäre 1996 abgezogen wurden, bemerkte man erst die wirtschaftliche Bedeutung, die sie für Puerto del Rosario gehabt hatten: Viele Arbeitsplätze, nicht nur im Amüsiergewerbe, sondern z. B. auch in der Verwaltung, gingen verloren, und auch die Einnahmen von Händlern und Wirten sanken erheblich. Seit Jahren setzt man nun auch in der Inselhauptstadt auf den Aufschwung durch den **Tourismus**. Daher werden auch keine Anstrengungen und Kosten gescheut, sie für Besucher schöner, lebendiger und kulturell attraktiver zu gestalten. Seit 2007 ist Puerto del Rosario zudem offizieller Schengen-Hafen, sodass nun auch Fähren aus Nicht-EU-Ländern an- und ablegen können, so etwa aus Marokko.

Besichtigung Ganz gleich, aus welcher Himmelsrichtung man sich Puerto del Rosario nähert, der Weg zum modern ausgebauten *Puerto*, dem **Fähr- und**

Modern präsentiert sich das Gebäude der Hafenverwaltung von Puerto del Rosario

Abendliche Impressionen – Straßenszene in der Hafengegend von Puerto del Rosario

Handelshafen 1, ist gut ausgeschildert und einfach zu finden. Er liegt im Nordosten der Stadt, wo man für eine längere Stadtbesichtigung mit Museumsbesuch noch am ehesten einen *Parkplatz* bekommt. Die wenigen verfügbaren Plätze im kleinen Zentrum befinden sich in der sog. Blauen Zone: Montags bis samstags von 8 bis 15 Uhr müssen Parkscheine aus dem Automaten gezogen werden, und man darf nicht länger als zwei Stunden stehen bleiben.

Wer die Hauptstadt von ihrer lebendigen Seite kennenlernen möchte, sollte den Vormittag oder den späten Nachmittag für einen Besuch wählen. Dann machen die Einheimischen und die mit dem Bus angereisten Bewohner der umliegenden Dörfer ihren Einkaufsbummel, beleben Bars und Cafés und treffen sich auf den schattigen *Plazas* zu einem Schwätzchen. Über Mittag gehen die meisten zum Essen nach Hause und halten anschließend eine ausgedehnte Siesta. In diesem Zeitraum wirken die Straßen dann wie ausgestorben.

An der Uferpromenade

Direkt am Hafen beginnt die etwa 2 km lange Uferpromenade mit der **Avenida Ruperto Gonzalez Negrín**, die dann weiter südwärts in die **Avenida de los Reyes de España** 2 übergeht. In ihrem nördlichen Abschnitt mit den kubischen kleinen *Bürgerhäusern* hat sich ein Terrassenrestaurant [s. S. 57] etabliert, wo man zu jeder Tageszeit auf ein Gläschen, eine *Copa*, oder einen Imbiss einkehren kann.

Die Uferpromenade hat man teils dem Meer abgetrotzt, teils auf der Landseite, vor allem im südlichen Bereich, mit einem langen Grünstreifen verschönert, der eng an die steilen Felsen des alten Fischerviertels anschließt. Ausgestattet mit Kinderspielplätzen und Ruhebänken sowie begrünt mit ausladenden Palmen und Indischen Lorbeerbäumen, lädt die Promenade zum gemütlichen Flanieren ein. Dieses Stück erhielt daher auch den stolzen Beinamen ›Allee‹, *Paseo de la Cornisa*. Ein besonders schönes Ensemble bilden hier die anmutigen, sorgfältig restaurierten weißen **Häuser**, die auf der Landseite mit freigestellten dunklen, rötlichen oder grauen Steinen geschmückt sind. Die meist kubischen Gebäude schmiegen sich an die Oberkante der hellen, recht steil aufragenden Felsen, und das ganze Ensemble mutet fast wie eine Stadtmauer an. Auch ähneln die noch immer von Fischerfamilien bewohnten Häuschen am Fels klebenden Schwalbennestern.

Entlang der Promenade stehen zahlreiche Plastiken der Aktion **Park der Skulpturen**, der sich mit inzwischen

Prunkstück der Fassade von Nuestra Señora del Rosario …

mehr als 100 Kunstwerken über die ganze Stadt erstreckt und einen sympathischen Glanzpunkt Puertos darstellt. Am Hafeneingang steht erwartungsgemäß ›El Marinero‹ (der Seemann) von Emiliano Hernández, nahe der Plaza España ›Las Caracolas‹ (die Schnecken) von Félix Juan Bordes Caballero. Auf dem Weg südwärts geht es u.a. vorbei an der Skulptur ›El Guerrero‹ (der Krieger) von Nicolas Fleming, und am Ende der Avenida, mitten auf dem Blumenpark des großen Platzes ohne Namen [s. S. 55 f.], setzte Emiliano Hernández García dem ›Podenco Canario‹, dem kanarischen Windhund, ein Denkmal.

… ist das kunstvoll geschmiedete Portalgitter mit den stilisierten Greifen

Rings um die Pfarrkirche

Der kleine historische Stadtkern von Puerto wird begrenzt von der Calle León y Castillo im Norden und der Calle Dr. Fleming im Süden sowie der Uferpromenade im Osten und der Calle 23 de Mayo im Westen. Mittendrin erhebt sich die Pfarrkirche **Nuestra Señora del Rosario** 3. Das von außen unscheinbare, weiß gekalkte Gotteshaus wurde 1824 für die bereits 1806 aus Tetír in den neuen Ort gebrachte Figur der Rosenkranzmadonna errichtet. Um 1930 bekam der Bau den zentral stehenden *Glockenturm*, der später in die heutige Ostfassade integriert wurde. Das *Hauptportal* ist folglich Teil des Turms. Beachtenswert sind seine fein gearbeiteten schmiedeeisernen Gitter mit stilisierten Greifen. An hohen Festtagen – etwa zur *Fiesta del Rosario* am 7. Oktober zu Ehren der Namenspatronin – betritt man die Kirche durch dieses Tor. Normalerweise ist nur das kleine *Südportal* des einschiffigen, auch innen recht schlicht gehaltenen Gotteshauses zur Messe geöffnet.

Im *Inneren* erkennt man, dass auch die Orgelempore in den Glockenturm integriert ist. Hohe Fenster sorgen für gutes Licht. Die *Glasmalereien* der Seitenfenster sind in Pastellfarben gehalten und zeigen u.a. ›Die Verkündigung‹ und ›Die Heilige Familie‹. Der lang gestreckte, erhöht gelegene Chorraum ist vom Hauptschiff durch einen hohen, schwarzgrauen Vulkansteinbogen getrennt, die Fenster- und Türrahmen bestehen hingegen aus rötlichem Lavastein. Die für die Kirchen auf den Kanaren fast ›obligatorische‹ *Mudéjardecke* ist im Chorbereich kunstvoll geschnitzt.

In der Mitte des neoklassizistischen *Hochaltars* aus Marmorstuck mit seinen weißen Rundpfeilern und vergoldeten Kapitellen steht die *Rosenkranzmadonna*, die Patronin der Kirche und der Stadt, mit dem Jesusknaben auf dem Arm. Wie auf den Kanaren üblich tragen die beiden Figuren dem jeweiligen Anlass

Zahlreiche Briefe und Dokumente des Dichters Miguel de Unamuno zeigt seine Casa Museo

entsprechende Kleider und schwere Silberkronen.

Auf den Konsolen an den Langhauswänden stehen *Prozessionsfiguren*, darunter eine Statue, die Christus bei der Rast darstellt, und ein Christophorus mit dem Jesuskind auf den Schultern. Beide werden bei der Fiesta del Rosario zusammen mit der Rosenkranzmadonna feierlich durch die Stadt getragen.

Hinter der Kirche breitet sich der **Parque de la Ciudad** 4 mit schattigen Bäumen, einem Café-Pavillon und Kinderspielplatz aus. Auf dem Areal befindet sich auch das einfache Gebäude, das den runden *Terrero*, die Arena für die *Lucha Canaria*, beherbergt.

TOP TIPP Schräg gegenüber dem Südportal der Kirche steht die **Casa Museo Unamuno** 5 (Mo–Fr 9–14 Uhr). Das vor 1877 errichtete Haus wurde in den 1920er-Jahren als *Hotel Fuerteventura* genutzt und im Jahr 1995 als Museum eröffnet. Ursprünglich gehörte es einer wohlhabenden Dame namens Juana Ocampo y Manrique aus Tetír. Später übernahm es die Gemeinde. Die Sammlung gilt als bedeutendste historische Sehenswürdigkeit der Stadt, obwohl die Räumlichkeiten und Ausmaße des einstöckigen Gebäudes eher bescheiden sind.

Das Museum widmet sich ausschließlich dem baskischen Dichter und Philosophen *Miguel de Unamuno*, der einst Rektor an der renommierten spanischen Universität von Salamanca war. Miguel de Unamuno (1864–1936) kam 1924 nicht freiwillig nach Fuerteventura: Er wurde auf die Insel verbannt, da er es gewagt hatte, kritische Texte gegen den General und Diktator Primo de Rivera und gegen König Alfonso XIII. zu veröffentlichen, und nahm hier im Hotel Fuerteventura Quartier. Das Museum beherbergt zahlreiche Dokumente, Fotos und Briefe – Erinnerungsstücke an Unamuno, dessen Gedichte und Prosawerke vom sozialistischen Gedankengut geprägt sind. Gleichzeitig erhält man hier Einblick in die typische Bauweise kanarischer Häuser des ausgehenden 19. Jh. Von außen wirken sie mit ihren glatten Mauern und den stets geschlossenen Fensterläden recht abweisend. Im Inneren jedoch gruppieren sich die Räume um einen freundlich bepflanzten *Innenhof*, der nach oben offen bleibt oder mit einem Glasdach abschließt, sodass genügend Licht einfällt. In der Casa Unamuno wurde der Umgang des Innenhofs verglast, um das Museum auch an kühleren Tagen warm halten zu können.

Man betritt das Gebäude durch einen schmalen Gang und kommt linker Hand in das frühere, mit Originalmöbeln aus dem 19. Jh. eingerichtete *Vorzimmer* für Besucher. Es folgen das *Schlafzimmer* und das *Studio* des Dichters. Am großen Schreibtisch arbeitete Unamuno während seines Aufenthalts. Hier sind auch die meisten seiner melancholischen Gedichte über Fuerteventura entstanden. Einige von ihnen wurden 1924, noch während seines Exils, unter einem Pseudonym veröffentlicht. 1925 publizierte Unamuno dann sein *›Libro de Sonetos‹* (Buch der Sonette), ein Tagebuch seiner Verbannung. Es trug den Untertitel ›De Fuerteventura a París‹, denn am 9. Juli 1924 konnte Unamuno mithilfe seines Sohnes und seiner Schwiegertochter, die ihn in Las Palmas de Gran Canaria erwarteten, nach Paris fliehen und sich ins französische Exil begeben.

Auch die nächsten beiden Räume des Museums sind mit Schreibtischen bestückt. Dann kommt man erneut in den verglasten Umgang des kleinen Innenhofs, der durch seine farbigen, geometrisch gemusterten Keramikfliesen an den Sockeln sehr einladend wirkt.

Unamuno hatte sich im Hotel Fuerteventura wohl für länger eingerichtet und keine Annehmlichkeiten entbehrt. Ein großzügiges *Badezimmer* mit eingelassener Wanne gehörte zum Haushalt, ebenso eine weiß geflieste Küche mit großem Kamin und dem traditionellen Kalkstein-Wasserfilter, der seinerzeit in keinem kanarischen Haus fehlen durfte und heute, zumindest als Dekorationsstück, seine Renaissance erlebt.

Nahe beim Museum, an der Avenida 1. de Mayo, steht der 1920 errichtete Komplex des **Cabildo** 6, der Sitz der Inselregierung; das angeschlossene *Archivo Histórico* (Historisches Archiv) ist nur selten zugänglich. Das Gebäude entstand etwa zur gleichen Zeit wie die Casa Unamuno, also nach 1860, als Puerto de Cabras zur Inselhauptstadt erhoben wurde. Der Eingang des zweistöckigen, weiß gekalkten Cabildo ist in eine der Ecken eingelassen, die ebenso wie die Tür- und Fensterumrahmungen mit breiten hellblauen Streifen verziert sind.

Gegenüber der turmbekrönten Fassade der Pfarrkirche und auf der anderen Seite der stark befahrenen Avenida 1. de Mayo erhebt sich der erst 1968 im historisierenden spanischen Kolonialstil errichtete Sitz der **Delegación del Gobierno en Canarias** 7, der stets von schmuck uniformierten Polizisten bewacht wird.

Die Farbe Hellblau setzt freundliche Akzente am Cabildo, dem Sitz der Inselregierung

Der Sitz der spanischen Regierung präsentiert sich im spanischen Kolonialstil

Der mächtige dreistöckige Eckturm verleiht dem gedrungen wirkenden Bau mit seiner dreiteiligen Loggia im Eingangsbereich das Aussehen einer kleinen Festung. Hier residiert auch der Bürgermeister von Puerto del Rosario.

Zwischen Kirche und Delegationsgebäude der spanischen Regierung auf den Kanaren entstand 2010 eine herrliche **Fußgängerzone** mit Wasserspielen. Das **Rathaus** auf der Rückseite dagegen könnte architektonisch nicht einfallsloser sein. Von hier führt die *Calle León y Castillo*, in diesem Bereich als schmale, schattige Allee ausgebaut, mit leichtem Gefälle hinunter zur Uferpromenade. Es schließt sich das *Hafenviertel* an, das bis 1996 Tummelplatz und Amüsierviertel der ausgehfreudigen Legionäre war und daher nicht gerade als Hort der Sicherheit und Ordnung galt. Dies hat sich inzwischen geändert und die heruntergekommene Gegend von einst begegnet dem Besucher heute in neuem Gewand.

Gleich am Anfang der Uferpromenade kommt man an einen kleinen, mit Indischen Lorbeerbäumen geschmückten dreieckigen Platz, der ein wenig ›großspurig‹ **Plaza de España** 8 genannt wird. In der kleinen Bar *Los Paraguitas* treffen sich vor allem die Marktleute, aber auch ein paar Touristen finden sich ein und werden von den Einheimischen mit Gleichmut aufgenommen.

Dahinter, in einer ansteigenden Gasse, befindet sich der Haupteingang des kleinen und nicht gerade reich bestückten **Mercado Municipal** 9 (Mo–Sa 7–13 Uhr), der Markthalle von Puerto. Hier ist es möglich, einen Eindruck davon zu gewinnen, womit sich die einheimische Bevölkerung selbst verpflegt, was auf der Insel wächst und produziert wird. Auch Urlaubsgäste, die für unterwegs etwas Obst, Wurst und Käse oder für die Selbstversorgung in ihrem Apartment ein Stück Fleisch kaufen möchten, sollten der Markthalle vormittags einen Besuch abstatten (Fisch in der kleinen Pescaderia nebenan).

Am oberen Ende der Markthalle findet man über eine Treppe Anschluss zur Promenade. Sie mündet in Höhe der Calle García Escamez und der Carretera de los Pozos gegenüber der *Universidad Popular* in einen fast schon großstädtisch wirkenden Platz mit einer Gartenanlage. Hier wurde inzwischen alles, was heruntergekommen und unpraktisch erschien, niedergerissen, und es entstanden Neubauten sowie breite Straßen.

Etwas abseits der touristischen Pfade, in der Calle Almirante Lallermand 30, der nordöstlichen Verlängerung der Hafenpromenade, befindet sich das Kunstzentrum **Centro de Arte Juan Ismael** 10 (Di–Sa 10–13.30 und 17–21 Uhr). Hier werden auf mehreren Etagen kanarische und internationale Gemälde, Plastiken und audiovisuelle Kunstwerke ausgestellt, und es sind auch Werke des Namengebers, des aus La Oliva stammenden Surrealisten Juan Ismael, zu sehen.

Playa Blanca und El Matorral

Weiter in Richtung Süden, schon außerhalb der Stadt, noch vor der Playa Blanca, kommt man an einem restaurierten, riesigen schwarzen **Kalkofen** vorbei, zu dessen Eingang Stufen hinaufführen. Er bildet zusammen mit einem kleineren Kalkofen und den Fundamenten einer Mini-Festung ein interessantes Ensemble. Es stammt aus dem 18./19. Jh. und wurde als erste einer Reihe solcher Anlagen errichtet, die zum einen dem Brennen von Kalk und zum anderen Verteidigungszwecken dienten. Bald darauf gelangt man an die recht große, weißsandige, doch leider dem Lärm der anfliegenden Urlauberjets ausgesetzte **Playa Blanca**.

Südlich des Flughafens, den man an seiner Westflanke umfährt, liegt der Vorort **El Matorral**, dessen Besuch sich eigentlich nur dann lohnt, wenn man bei einem ausgedehnten Mahl in einem der besten Restaurants Fuerteventuras, im *El Molino del Matorral*, die deftige einheimische Küche mit viel frischem Fisch genießen möchte.

i Praktische Hinweise

Information

Patronato de Turismo, Calle Almirante Lallermand 1, Puerto del Rosario, Tel. 928 53 08 44, www.fuerteventuraturismo.com (Mo–Fr 8–15 Uhr)

Oficina Información, Avda. Marítima s/n, Puerto del Rosario, Tel. 618 52 76 68, www.turismo-puertodelrosario.org (Mo–Fr 8–15 und 17–19, Sa/So 10–13 Uhr)

Flughafen [s. S. 123]

Charakteristische Landmarke – der imposante schwarze Kalkofen bei Puerto del Rosario

Schiff

Mehrmals in der Woche bestehen Fährverbindungen nach Las Palmas de Gran Canaria (8h) und Arrecife auf Lanzarote (3h). Tickets erhält man in den meisten Reisebüros und in den Büros von

Acciona Trasmediterránea, León y Castillo 58, Puerto del Rosario, Tel. 928 85 24 08, www.trasmediterranea.es. Nach Gran Canaria und Teneriffa.

Naviera Armas, Puerto del Rosario, Tel. 928 85 15 42 und 928 30 06 00, Call Center 902 45 65 00, www.navieraarmas.com. Nach Gran Canaria, Lanzarote und Teneriffa.

Nachtleben

In den zahlreichen Bars und Diskos der Stadt ist vor allem am Wochenende viel geboten.

Beliebt sind Disco-Pubs wie:

La Tierra, Eustaquio Gopar 3, Puerto del Rosario. In der zweistöckigen Bar trifft sich vor allem die insulare Intellektuellen- und Künstlerszene bei Jazz-, Rock- und Bluesmusik.

Mafasca, Calle La Cruz 21, Puerto del Rosario.

Mama Rumba, Calle San Roque 17, Puerto del Rosario, Tel. 609 56 61 05. Südamerikanische Live-Musik für Tänzer und Nichttänzer (Fr/Sa).

Templo, Calle Teniente Durán 16, Puerto del Rosario. Diskothek.

Hotels

***JM Puerto Rosario**, Avenida Ruperto González Negrín 9, in Hafennähe, Puerto del Rosario, Tel. 928 85 94 64, www.hoteljmpuertodelrosario.com. Komfortables Hotel mit Cafeteria und Frühstücksbüffet.

Residencia Tamasite, Calle León y Castillo 9, Puerto del Rosario, Tel. 928 85 02 80. Schlichtes, aber freundliches, sauberes kleines Stadthotel zwischen Pfarrkirche und Hafen (18 gut ausgestattete Zimmer). Ohne Frühstück.

Restaurants

Cerveceria Heineken, Calle Leon y Castillo 146, Puerto del Rosario, Tel. 627 37 23 30. Amüsantes ›Bier-Museum‹ mit fast 100 Biersorten.

El Cangrejo Colorao, Calle Juan Ramón Jimémez 1, Puerto del Rosario, Tel. 928 85 84 77. Spezialisiert auf frischen Fisch.

Im pittoresken Hafen von Caleta de Fuste schaukeln Segelboote im Wasser

El Molino del Matorral Restaurant, Vorort El Matorral 108, Puerto del Rosario, Tel. 928 86 90 92. Beliebtes Fischrestaurant in modernen Räumen mit rustikalem Ambiente. Tisch reservieren!

TOP TIPP **Los Paraguitas**, Avenida de los Reyes/Ecke Plaza España, Puerto del Rosario, Tel. 678 93 86 87. Bar und Terrassenrestaurant mit inseltypischen Speisen: z. B. Fisch in Zwiebelsoße, *Ropa Vieja* (Eintopf mit Gemüse, Fleisch und Kichererbsen), *Caldos en Salsa* (Kutteln), *Higado* (Leber); auch *Media Raciones* für den kleinen Hunger. Preisgünstig (Mo–Sa 6.30–24 Uhr).

Wer nur einen kleinen Happen essen will, findet in Puerto del Rosario zwei empfehlenswerte Adressen mit einer großen Auswahl an Tapas:

La Saranda, Calle Primero de Mayo 46, Tel. 928 53 03 30.

La Cencerra, Calle Maria Estrada/Ecke Calle Beethoven s/n, Tel. 619 83 76 06.

15 Caleta de Fuste

Beliebte Feriensiedlung mit bedeutendem historischen Wehrturm.

4 km südlich von El Matorral erreicht man auf der FV-2 zunächst die ausgedehnte und immer noch wachsende Feriensiedlung *Nuevo Horizonte* und dahinter einen der besterhaltenen Festungstürme Fuerteventuras, genannt **Castillo de Fuste**. Er steht direkt an der reizvollen Badebucht *Playa del Castillo*. Der runde, massige und fast schwarze Steinturm ist in der inzwischen immens gewachsenen, sehr familienfreundlichen Hotelanlage des Barceló Castillo Beach Resort nicht auf Anhieb zu finden, da er geschickt in den Komplex integriert ist und heute am großen Pool in Strandnähe steht. Da er ständig geschlossen ist, muss man sich mit seinem äußeren Anblick begnügen Der Turm wurde 1741–43 zum Schutz des kurz zuvor angelegten und damals sehr bedeutenden Hafens sowie als Bollwerk für das landeinwärts liegende Antigua [Nr. 20] errichtet. Inmitten der Ferienhaus-Architektur und der Blumenbeete wirkt das Castillo nicht mehr so Furcht erregend wie ursprünglich gedacht. Ebenso wenig wie die baugleiche, im Nordwesten der Insel bei El Cotillo gelegene Festung [s. S. 30] hat es je einen Überfall erlebt.

Eine lange Mole begrenzt die mit hellem Sand künstlich aufgeschüttete Bucht der Playa del Castillo, die auch den Jachthafen beherbergt. Sein Clubhaus mit feinem Restaurant und Disco hat man, vom Castillo inspiriert, mit einem Leuchtturm aus dunklem Vulkangestein geschmückt.

Fährt man auf der meernahen FV-2 weiter nach Süden, taucht bald eine Anlage mit mehreren unterschiedlich großen, konischen **Kalkbrennöfen** auf, die

Einladend wirkt die 18-Loch-Anlage des Fuerteventura Golf Clubs in Caleta de Fuste

kleinen Festungen gleichen. Sie wurden im Zuge der denkmalpflegerischen Arbeiten restauriert, um einige der wenigen historischen Zeugnisse Fuerteventuras vor dem Verfall zu retten.

i Praktische Hinweise

Information

Oficina Información, Calle Juan Ramón Soto Morales 10, Caleta de Fuste, Tel. 928 16 36 11, www.caletadefuste.es (Mo–Fr 9–14 Uhr)

Hotels

TOP TIPP ******Barceló Fuerteventura Thalasso Spa**, Caleta de Fuste, Tel. 928 54 75 17, www.barcelofuerteventura.com. Freundliche Zimmer mit allem Komfort. An das Hotel angeschlossen ist ein Wellnesscenter mit mehreren Pools, Sauna und türkischem Bad. Massageangebote sowie Gesichts- und Körperbehandlungen.

****Barceló Castillo Beach Resort**, Caleta de Fuste, Tel. 928 16 31 01, www.barceloclubelcastillo.com. Eine der großartigsten Ferienanlagen auf der Insel mit integriertem, denkmalgeschütztem Castillo, ca. 12 km südlich von Puerto del Rosario. Mit komfortablen Apartments in weißen Bungalows, zwei Restaurants und drei Bars; je drei Schwimmbadzonen für Erwachsene und Kinder, direkt an der Caleta de Fuste. Die Anlage bietet viele Sportmöglichkeiten wie Tauchen, Schnorcheln, Windsurfen, Tennis und Golfen.

Restaurants

Zahlreiche Restaurants gibt es in den Einkaufszentren, Centro Comercial (CC) genannt, z. B. im CC El Castillo.

El Rincón Canario, CC Castillo, Local 16, Tel. 928 16 34 60, Caleta de Fuste. Typisch kanarisch eingerichtetes Ecklokal mit freundlichem Service. Kanarische Küche, große Portionen, etwa für Feinschmecker. Mittelpreisig (tgl. 12.30–23 Uhr).

El Patio, Caleta Amigos, Local 6/7, Tel. 928 86 90 10, Caleta de Fuste. Andalusisch angehauchtes Restaurant gegenüber dem Rincón Canario (s.o.) mit andalusisch-kanarischer Küche. Spezialität sind sieben verschiedene Paellas, auch eine vegetarische, jeweils für zwei Personen. Freundlicher Service, eigener Raucher-Raum. Mittelpreisig (tgl. 12.30–23 Uhr).

16 Playa la Guirra

Fuerteventuras Feriensiedlung mit Golfplatz und Meerwasser-Schwimmbecken.

Südlich von Caleta de Fuste wurde links und rechts der Carretera del Sur bei km 11 die Feriensiedlung Playa la Guirra angelegt. Rechts der Straße, nur wenige Minuten von den Stränden entfernt, entstand Fuerteventuras erster 18-Loch Golfplatz [s.u.] mit 70 Par. Rings um die Anlage warten Villen und Bungalows auf Käufer, das Luxushotel **Elba Palace Golf** (www.hoteleselba.com) prahlt mit fünf Sternen und zwei Restaurants. Etwas weiter südlich befindet sich der Golf Club Salinas de Antigua mit seinen 18 Löchern.

Auf der anderen Straßenseite Richtung Meer stehen weitere Hotels und das Einkaufszentrum *Centro Comercial Atlántico*. Die Küste wurde hier stark verwandelt: Eine vom Ozean gespeiste große Meerwasserbecken-Anlage breitet sich aus und die konischen *Kalkbrennöfen*, kleinen Festungen gleichend, wurden sorgsam integriert. Das einzige Manko ist Fluglärm vom 8 km nördlich liegenden Flughafen.

i Praktische Hinweise

Sport

Fuerteventura Golf Club, Playa la Guirra, Caleta del Fuste, Tel. 928 16 00 34, www.fuerteventuragolfclub.com. 18-Loch-Anlage mit drei Seen und einer Bahnlänge von etwa 6200 m.

Hotels

****Elba Sara**, Carretera Jandia, Km 11, Tel. 928 16 00 20, www.hoteleselba.com. Komfortables Hotel, großzügig und kühl gebaut. Mit zwei Pools, separatem Kinderbecken, Tennisplätzen, Fitnesscenter mit Sauna und Jacuzzi und künstlichem Sandstrand vor steinigem Ufer. Zum Haus gehören zwei Restaurants und eine Cafeteria.

Restaurants

Außer in den Hotels gibt es im Einkaufszentrum CC Atlántico mehrere gute Restaurants.

17 Salinas del Carmen

TOP TIPP *Historische Salinen und Kalkbrennöfen mit ›Bildungsauftrag‹.*

Die Gegend südlich von Caleta de Fuste ist eher trist und steinig, die Berge treten im Westen weit an den Horizont zurück. Doch knappe 4 km von der dortigen Ferienanlage entfernt steht eine touristische und historische Attraktion: die Salinas del Carmen. Hier wurde noch bis in die 1980er-Jahre Salz für die Fischfabrik in Puerto del Rosario gewonnen. 1988 gab diese ihre Produktion auf.

Mithilfe von EU-Geldern zur Regionalförderung kümmerte sich die Inselregierung um die Restaurierung. Die Salinas wurden 2005 als Freilichtmuseum **Museo de la Sal** (Di–Fr und So 10–18 Uhr) eröffnet. Man erhält hier Einblicke in die früher praktizierte Methode der *Salzgewinnung*, wofür die Salinen in Betrieb sein müssen. Dazu mauerte man die kleinen Becken sowie die Zuleitungen für das Meerwasser neu und machte die Ränder mit Einfassungen aus Lavasteinen begehbar. Zwischen den Arealen mit jeweils mehreren Bassins wurden Fahrwege für den Abtransport des durch Verdunstung gewonnenen Salzes geschaffen.

Das restaurierte Lagerhaus wird nun als Abfüllstation des Salzes genutzt, ein neues Gebäude dient als Museum zur Bedeutung des Salzes allgemein und speziell auf Fuerteventura. Nahe der Dorfstraße stehen ein restaurierter **Kalkofen** und ein **Aljibe**, ein frühkanarisches Wasserreservoir. Am Meer liegt das 20 m lange Skelett eines gestrandeten Wals.

Das Museo de la Sal mit den restaurierten historischen Salinas del Carmen

Das Zentrum – ein Füllhorn sehenswerter Orte

Das Herz schlägt in der Mitte – jedenfalls auf Fuerteventura. Als wollte die Insel all ihre landschaftlichen Schönheiten, ihre historisch-kulturelle Vielfalt und ihre Städtchen mit ihrer bewegten Geschichte vor den Blicken Fremder verbergen, so versammelt sich die bunte Natur- und Architektur-Palette des Eilands in der Mitte auf einer Fläche von 25 auf 20 km. Über die Geschichte der Insel können die beiden früheren Hauptstädte im Zentrum, **Antigua** und **Betancuria**, eine Menge erzählen. Letztere wartet mit einer Fülle historischer Denkmäler auf und hat sich trotz bescheidener Größe ihren städtischen Charakter bewahrt. Weiter im Süden liegen das zauberhaft-verschlafene **Pájara** mit seiner Kirche, deren Fassadendekoration aztekisch anmutet, und **Tuineje** mit immer noch funktionierender Landwirtschaft. Ein Paradies für Wanderer wie auch für motorisierte Ausflügler ist der **Naturpark von Betancuria** mit dem aussichtsreichen *Mirador*, das *Palmental* mit der Ortschaft **Vega de Río Palmas** und die wilde *Westküste* mit dem Fischernest **Ajuy**.

18 Casillas del Ángel

Schwarz auf weiß – eine Kirchenfassade aus dunklen Lavasteinen inmitten frisch getünchter Häuser.

Der Ortskern von Casillas del Ángel mit seiner hübschen Pfarrkirche liegt in 207 m Höhe. Er ist jedoch auf der von Puerto del Rosario kommenden, gut ausgebauten Durchgangsstraße leicht zu verpassen. Wenn man also einen hohen offenen Glockenstuhl kurz aus dem Häusergewirr aufragen sieht, sollte man die Geschwindigkeit reduzieren und in eine der beiden abwärts führenden Dorfsträßchen abbiegen.

Die Westfassade der Kirche **Santa Ana** und ihr zweistöckiger Glockenstuhl in Form eines gestreckten Giebels bestehen komplett aus schwarzen Lavasteinen, die dem Bauwerk ein gleichermaßen harmonisches wie düsteres Erscheinungsbild geben. Auf der Insel, ja auf den gesamten Kanaren ist eine solche Außenansicht einzigartig!

Als das Gotteshaus 1750–90 erbaut wurde, war Casillas del Ángel, übersetzt ›kleine Häuser des Engels‹, eine blühende Gemeinde, kurz darauf avancierte es sogar zu einem der acht bedeutendsten Orte der Insel. 1925 wurde Casillas jedoch in die Hauptstadt Puerto del Rosario eingemeindet.

Die Kirche kann auch außerhalb der Gottesdienstzeiten besichtigt werden. Dafür muss man sich den Schlüssel im Haus Nr. 20 schräg gegenüber holen. Beim Betreten des einschiffigen *Inneren* fallen als erstes die reich mit geometrischen Ornamenten verzierten Querbalken der *Mudéjardecke* auf. Über dem erhöhten Chorraum wurde das Holz der Decke dunkel gefasst und wie eine tiefe achtseitige Kassette ausgeformt.

Die *Hochaltarwand* ragt mit ihrer sehr fein gearbeiteten Krone in das Deckengewölbe hinein. Die reichen Barockschnitzereien sind hauchdünn weiß gefasst und mit markanten roten Konturen versehen, dadurch entsteht der Eindruck, das gesamte Retabel sei mit rot-weißer Spitze überzogen. In der mittleren von drei Nischen der Altarwand unter dem Kreuz befindet sich eines der kostbarsten sakralen Kunstwerke Fuerteventuras: die in Gold gefasste Skulptur der hl. Anna mit ihrer gekrönten Tochter Maria. Das Meisterwerk soll aus Kastilien stammen und bereits im 17. Jh. gefertigt worden sein. Die links vom hl. Antonius, rechts von Johannes d.T. flankierte Anna, eine ältere Frau mit mütterlich-strengen Zügen, unterscheidet sich deutlich von jenen bäuerlichen Gestalten, die in den Kirchen der Insel üblicherweise zu finden sind.

Vergleichsweise derb wirken denn auch die Figuren der schönen Kreuzwegstationen an den Seitenwänden. Winzig ausgefallen ist die Holzkanzel an der linken Wand mit acht Bildfeldern, auf denen Bischöfe und Heilige zu sehen sind. An der rechten Langhauswand hängt ein bedrohlich wirkendes ›Jüngstes Gericht‹, auf dem die Hölle als Riesenschlund eines Ungeheuers dargestellt ist. Und der geradezu korpulent wirkende Christus des Kruzifixes nahe dem Hauptportal erweckt den Eindruck, als hinge er tatsächlich schwer am Kreuz.

Früher lebte man auch in Casillas von der Landwirtschaft, doch heutzutage arbeiten die meisten Einwohner im 10 km entfernten Puerto del Rosario. Gleichwohl wirkt das Dorf lebendig und gepflegt, die meist niedrigen Häuser sind sauber geweißelt und nachmittags sieht man am Kirchplatz viele Kinder spielen. Hier steht auch das schlichte Kulturzentrum, der Versammlungsort für die Einwohner.

19 La Ampuyenta

Die bedeutendste sakrale Bildersammlung der Insel und ein interessantes Museum.

Wer von Casillas del Ángel auf der FV-20 in das nur 5 km südwestlich gelegene kleine Ampuyenta fährt, erklimmt etwa auf halber Strecke einen kleinen Pass, der schöne Ausblicke vor allem nach Westen ermöglicht, wo die rund geschliffene Bergwelt im sanften Licht ihre Konturen zeigt. Markant sind vor allem der *Morro Alto* (417 m) und der *Morro de la Cruz* (676 m).

Bei der Ankunft im Dorf fällt direkt an der Haupt- und Durchgangsstraße ein ungewöhnlich großes Bauwerk aus fünf im Wechsel vor- und zurückspringenden Baukörpern mit hohen, weiß gestrichenen Fenstern, roten Rahmen, Türen und Hausecken auf. Das Gebäude wirkt wie

Bröckelnder Charme – im Inselinneren trifft man auf alte verlassene Fincas

eine stillgelegte Fabrik aus dem Industriezeitalter. Tatsächlich aber war es ursprünglich ein **Hospital** für Lungenkranke, dessen Bau der Arzt und Balneologe *Tomás Mena Mesa* (1802–1860) aus Puerto del Rosario testamentarisch verfügt hatte, das aber erst im Jahr 1891 fertiggestellt wurde. Die für die Genesung der Patienten äußerst wichtige Frischluftzufuhr sollte durch raffiniert angeordnete Lüftungsöffnungen an den Fenstern ermöglicht werden, doch das Hospital durfte niemals in Betrieb genommen werden. Das für die gesamte Insel zuständige Krankenhaus in Puerto del Rosario fürchtete die Konkurrenz, heißt es …

Zu Ehren des Arztes Tomás Mena Mesa wurde sein Wohnhaus am Ortseingang restauriert und dort die **Casa Museo Dr. Mena** (in der Regel Di–Sa 10–18 Uhr; kurzfristige Änderungen möglich) eingerichtet. Im früheren Stall mit Mühle befindet sich heute die Rezeption. Vom schönen Innnenhof aus betritt der Besucher die original ausgestatten Wohn-, Arbeits- und Schlafzimmer sowie die Küche und den Salon.

Zwischen dem Hospital und dem Dorfzentrum mit seinen schönen alten renovierten Bauernhäusern steht das Schmuckstück von Ampuyenta: die **Ermita de San Pedro de Alcántara** (Schlüssel im kleinen Haus Nr. 56 nördlich der Kirche). Schon von außen scheint die Pfarrkirche auf ihre Sonderstellung aufmerksam machen zu wollen:

TOP TIPP

Kostbare Muttergottes-Darstellung in der Ermita de San Pedro de Alcántara

Ihr hoher offener Glockenstuhl hockt nicht, wie sonst üblich, über dem Eingangsportal, sondern an der den übrigen Gebäuden zugewandten Nordwand. Wer bereits die Kirche von Casillas del Ángel besucht hat, wird sich an deren imposanten schwarzen Glockengiebel erinnern [s. S. 60]. Der Giebel der hiesigen Ermita ähnelt jenem, allerdings ist er aus hellem Stein. Eindrucksvoll ist auch der von einer zinnengekrönten Mauer gerahmte und mit schwarzen Kieseln gepflasterte Hof, eine Anlage, wie man sie sonst eher von den griechischen Inseln kennt.

Das einschiffige Gotteshaus wurde 1689 erstmals schriftlich erwähnt, soll damals aber schon einige Jahre bestanden haben. Man betritt es durch das schlichte Rundbogenportal, über dem ein kleines Oculus-Fenster Licht ins *Innere* lässt. Gleich wird der Blick vom leicht erhöhten Chor mit der *Hochaltarwand* magisch angezogen: Die Seiten des Chorraums sind mit weiß marmorierten und hellblauen Fresken geschmückt, die optisch täuschend die Architektur des Retabels weiterführen und mit den vergoldeten, gedrehten Säulen perfekt harmonieren. Die tiefe Mittelnische der Altarwand birgt eine Statue des stolz blickenden Predigermönchs *Pedro de Alcántara* (1499–1562), des Gründers des Barfüßer-Franziskanerordens und Kirchenpatrons von Ampuyenta.

Die schlichte Decke im Chor ist mit vier geschnitzten und farbig gefassten Balken geschmückt, die in Rautenform angeordnet sind. Das Langhaus wird dagegen von einer durchgehenden Mudéjardecke überfangen.

Die bedeutendsten Sehenswürdigkeiten sind die wertvollen **Gemälde** an den Seitenwänden der Kirche – eine auf Fuerteventura einzigartige Sammlung. Die Kunstwerke stammen mit Sicherheit aus dem 18. Jh., doch von wem, das haben selbst die Restauratoren trotz intensiver Nachforschungen nicht herausfinden können. Die Gemälde mit Darstellungen aus dem *Leben des San Pedro de Alcántara* lagerten lange Zeit im Hospital nebenan und sollten die künftigen Krankenzimmer schmücken. Sie hatten aufgrund der unsachgemäßen Lagerung, durch Feuchtigkeit und Staub, enorm gelitten. Nachdem man die Gemälde bereits Jahre zuvor in die Ermita umgesiedelt hatte, wurde schließlich mit ihrer Restaurierung begonnen. Seit Ende 1998 sind sie wieder in ihrer vollen Pracht zu bewundern.

Think pink – Geranienpracht vor einer hübsch restaurierten Finca nahe Antigua

An der Nordwand finden sich entscheidende Szenen aus der Vita des Kirchenpatrons: Auf einem teilweise zerstörten Bild erkennt man die hl. Teresa de Jesús, eine Vertraute des Heiligen, außerdem sieht man die ›Erscheinung Mariae‹ und den ›Tod des hl. Pedro‹.

Es lohnt sich, auch kleinste Details zu beachten: So fällt auf einem Gemälde – ebenfalls an der Nordwand – die reiche Stickerei am Bischofsgewand auf; an der gegenüberliegenden Südwand zeigt ein Bild die ›Auferstehung Christi‹ inmitten einer Landschaft mit reich blühenden Blumen und Feigenbäumen, während eine andere Darstellung den Erzengel Michael als geharnischten Beschützer der hiesigen Kirche präsentiert, bei deren Bau weitere Engel helfen. Als Zuschauer bemerkt man zwei Mönche, von denen einer eine Taube auf der Schulter trägt, die ihn als Pedro de Alcántara ausweist.

In der attraktiven **Villa Antigua** mit ihrem hübschen Patio auf der anderen Seite der Durchgangsstraße war früher eine Galerie untergebracht, das Gebäude kann heute leider nicht mehr besichtigt werden.

Bei der Weiterfahrt in Richtung Süden zeichnet sich südwestlich am Horizont bereits der Mirador de Morro Velosa ab, hinter dem Betancuria [Nr. 28] liegt.

i Praktische Hinweise

Restaurant

Bar Fidel, La Ampuyenta, Tel. 928 17 52 50. Nahe dem Hospital und der Kirche gelegenes Lokal mit kleinem Speisesaal und angeschlossenem Supermarkt. Als Spezialitäten werden gegrilltes Schweine- und Ziegenfleisch serviert.

20 Antigua

TOP TIPP *Kunst und Kultur in Fülle bietet der größte Ort im Inselinneren.*

Knapp 5 km südlich von La Ampuyenta markiert eine wunderschön restaurierte Windmühle den Ortseingang von Antigua (254 m), einem Städtchen, das die Gelder aus der Regionalförderung der EU offensichtlich gut anzulegen weiß: Ganz Antigua macht einen gepflegten Eindruck und besitzt auffällig breite Straßen. Hoch ragt der schlanke Glockenturm der Pfarrkirche im Zentrum auf, ringsum grünt und sprießt es, und das obwohl Landwirtschaft wegen Wasserknappheit schon seit etwa 1950 nicht mehr ernsthaft betrieben wird. Lediglich ein paar Bauern bewirtschaften ihre Höfe noch im Nebenerwerb, auf den Feldern drehen sich Windräder, die das kostbare Nass für das angebaute Gemüse, für Tomaten und Kartoffeln, aus der Tiefe des *Barranco* hoch pumpen.

Die schönsten Kakteen kann man im Park des Centro de Molino in Antigua bewundern

Geschichte Die Region um Antigua gilt als eine der ältesten landwirtschaftlich genutzten Gegenden der Insel, obwohl sie erst gegen 1560 besiedelt wurde. Der Grund: Die **Feudalherren** Fuerteventuras mit Sitz in Betancuria ließen es nicht zu, dass die Bauern, die in diesem Bereich ihr Land bestellten, auch hier wohnten. Sie sollten sich vielmehr in Betancuria niederlassen, wo die Großgrundbesitzer ihre Untertanen besser kontrollieren konnten. Die ersten Siedler waren dann auch gar keine Insulaner, sondern zum überwiegenden Teil **Einwanderer** aus Andalusien und aus der Normandie. Die Südspanier brachten ihre **Virgen de la Antigua** mit und ehrten sie mit einer kleinen Kapelle. Im 18. Jh. wurde für die Madonna schließlich die heutige Kirche errichtet.

Dreimal – in den Jahren 1812, 1834 und 1835 – wurde der zu jener Zeit wirtschaftlich bedeutende Ort mit seinen großen Landgütern und geradezu feudalen Herrenhäusern zur **Hauptstadt** Fuerteventuras ernannt, blieb es aber immer nur kurze Zeit – diese Würde war abhängig von den Präferenzen derer, die in jenen Jahren die Insel beherrschten. Als 1860 Puerto del Rosario zum Regierungssitz erklärt wurde, verfiel Antigua in einen langen Dornröschenschlaf. Erst mit der postiven Entwicklung des **Tourismus** kam wieder Leben in den Ort.

Besichtigung Nicht zu übersehen ist gleich am Eingang des Ortes eine der größten Attraktionen Antiguas, die fotogene Windmühle **El Molino de Antigua** (Di–Sa 10–18 Uhr) mit Kunsthandwerkszentrum und Restaurant. Gelegentlich wird in der restaurierten Mühle *Gofio*, das geröstete Getreide der Guanchen, gemahlen und verkauft. In dem liebevoll gepflegten Park mit teils rotem, teils schwarzem *Picón* (grobkörnige Lava-Asche) wachsen *Tabaibas* (Wolfsmilch), Drachenbäume sowie andere typisch kanarische Pflanzen; darüber hinaus gibt es einen Kakteengarten und einen Palmenhain. Das *Restaurant* im einstigen Getreidespeicher gleich links vom Eingang wurde nach Plänen des Künstlers César Manrique aus Lanzarote umgebaut. Und im diagonal gegenüber stehenden *Haus der Kunsthandwerker*, dem ehemaligen Gutshaus, werden u. a.

TOP TIPP

Schieflage – Innenansicht der restaurierten Windmühle El Molino de Antigua

Windmühlen wie diese in Antigua sind charakteristisch für das Landschaftsbild der Insel

Spitzenstickereien und Töpferwaren (*Artesanía Insular*) gezeigt und verkauft. Die Studios der Kunsthandwerker allerdings sind inzwischen geschlossen, aber im *Ecomuseo de la Alcogida* in Tefía [s. S. 42] kann man noch immer Stickerinnen und Weberinnen, Töpfern und Steinmetzen über die Schulter schauen. Dort trifft man auch auf Pablo Valverde und seine Frau Pino, beide töpfern nur mit dem auf der Insel vorkommenden Ton mit seinen vielen verschiedenen Farbtönen.

Die Vereinigung *Manos Majoreros*, was Hände der Majoreros – so nennen sich die Inselbewohner – bedeutet, veranstaltet jedes Jahr im Mai in Antigua die **Feria Insular de Artesanía**. Bei dieser Kunsthandwerksmesse werden nicht nur die kunstvollen Produkte zum Verkauf angeboten, sondern es werden auch Stickerei, Töpferei, das Schneidern von Trachtenkleidern oder der Bau des typisch kanarischen Zupfinstruments, der *Timple*, vorgeführt.

Neben dem renovierten Gutshof wurde ein weiterer Komplex im Stil eines Herrenhauses errichtet, der Ausstellungen, ein Museum, Bar, Cafeteria sowie einen Verkaufsladen beherbergt. Ein großer Ausstellungsraum ist der zeitgenössischen kanarischen Malerei gewidmet. Das auffallendste Werk stammt von der einheimischen Künstlerin *Elisa H. Fleitas*. Es handelt sich um ein pyramidal gestaltetes Gemälde, das einheimische Frauen mit ihren mexikanisch anmutenden, konischen Hüten zeigt.

Durch den Innenhof mit einer hohen Palme gelangt man zum hinteren Teil des ›Herrenhauses‹ mit dem *Museo Etnográfico*, das vor allem Funde aus der Zeit vor der Eroberung der Insel präsentiert: Tongefäße mit einfachen Verzierungen wie Längs- oder Querritzungen, Handmühlen aus Stein oder Felsstücke mit geometrischen Gravuren, bei denen es sich eventuell um Schriftzeichen der Berbersprache handelt. Die Mehrheit der Exponate wartet jedoch noch auf ihre Entschlüsselung, und die meisten konnten bisher noch nicht datiert werden. Die Funde stammen aus der rund 600 m langen Vulkanhöhle von Villaverde [s. S. 38], das zur Gemeinde La Oliva gehört.

Im historischen Zentrum von Antigua erhebt sich neben einem parkähnlich gestalteten Platz mit steinernen Ruhebänken inmitten üppiger subtropischer Pflanzen – Pfeffer- und Drachenbäume, Palmen und Lorbeer, Orchideen und prächtig blühende Geranien – die Pfarrkirche **Nuestra Señora de la Antigua**. Leider ist nun auch diese Kirche wie die meisten anderen Gotteshäuser der Insel nur noch zum Gottesdienst geöffnet. Sie wurde im Jahr 1784 geweiht, kurz nach-

Inmitten von Lorbeerbäumen und Palmen steht die Pfarrkirche Nuestra Señora de la Antigua

dem sich Antigua von der Pfarrei von Betancuria losgesagt hatte. Vor der Westfassade steht in einem kleinen Palmengarten auf gepflegtem *Picón* ein Kreuz, das den Gefallenen des Spanischen Bürgerkriegs gewidmet ist. Von dieser Stelle aus hat man einen hübschen Blick auf die schlichte weiße Kirche mit dem von röt lichen Lavasteinen eingefassten Rundportal und dem rechts angegliederten hohen *Glockenturm*. Er bildet eine Ausnahme, denn bei den meisten Kirchen Fuerteventuras hängen die Glocken nur in kleinen, auf die Fassade gesetzten offenen Glockenstühlen. Antiguas ›echter‹ Glockenturm besteht aus zwei Stockwerken. Er ist wie die Kirche weiß gekalkt und hat Kanten aus rotbraunen Lavasteinen. Den oberen Abschluss bildet eine maurisch wirkende kleine Kuppel über einem zylindrischen Aufsatz.

Tritt man durch das Hauptportal mit den girlandenverzierten Holztüren in das einschiffige *Innere*, so fällt zunächst die ungewöhnlich lang gestreckte Form des Raumes auf. Wenige schießschartenähnliche Oberlichter lassen nur spärlich Licht ein. Die offene Sparrendecke ist aus *Tea*, dem kostbaren Holz kanarischer Kiefern, gefertigt. Die Empore über dem Haupteingang wird von zwei kannelierten Säulen getragen, an denen je ein Weihwasserbecken manschettenartig angebracht ist. An der rechten Langhauswand hängt ein schönes Kruzifix, auf der linken Seite gewahrt man eine der auf der Insel häufig anzutreffenden Darstellungen des ›Jüngsten Gerichts‹. Bei diesem Gemälde muten die Höllenszenen jedoch weniger erschreckend an als sonst üblich. Im neoklassizistischen Altar vor dem Chor rechts steht in einer verglasten Nische eine ›Mondsichelmadonna mit Kind‹, in der Nische darunter eine ergreifende Statue des ›Ecce homo‹ (Darstellung des leidenden Christus).

Ein raumhoher Rundbogen trennt das Langhaus vom tiefen Chor, dessen oktogonal geformte Mudéjardecke mit besonders reichen Schnitzereien verziert ist. Der *Hochaltar* aus Kalksandstein ist farbig gefasst. Über dem Altar wurde ein kleiner Raum geschaffen, den man zu besonderen Anlässen über eine dahinter gelegene Treppe betreten darf. Hier steht die vermutlich aus dem frühen 17. Jh. stammende, zierliche Statue der *Virgen de la Antigua*. Auch die sie flankierenden Heiligen, Josef und Johannes d. T., sind schmale, schlicht gearbeitete Holzfiguren. In ihrer Unscheinbarkeit wirken alle drei Figuren etwas verloren im Gesamtbild des großen Altaraufsatzes.

Hinter der Kirche kann man eine pastellfarbene **Jugendstilvilla** mit weiß gestrichener Fassadenrahmung und einem aufgesetzten Turmzimmer bewundern, die ein eindrucksvolles Zeugnis von dem einstigen Wohlstand der Stadt Antigua im 19. Jh. abgibt.

Barranco und Tegú

Vom westlichen Ortsrand lohnt ein kurzer Abstecher zu Fuß oder mit dem Auto, um die bergige Umgebung zu genießen und in einem fruchtbaren flachen **Barranco** Einheimische bei ihrer täglichen Arbeit zu beobachten. Man erblickt bewirtschaftete Terrassen, auf denen Tomaten und Kartoffeln angebaut werden, daneben drängeln sich meckernde Ziegen in kleinen Pferchen. Das flügellahme Windrad hat ausgedient, denn neuere Windradpumpen säumen die Talsohle. Die Strecke bietet immer wieder faszinierende Ausblicke: zurück, über Palmen hinweg auf Antigua, am südlichen Horizont auf die markante Silhouette des gezackten Jandía, mit seinen 807 m der höchste Gipfel der Insel. Am Ende des Barranco-Weges beginnt ein recht schöner, wenn auch zunehmend ansteigender Wanderweg in Richtung zur Straße Antigua – Betancuria. Wer gut zu Fuß ist, umrundet den 645 m hohen **Tegú**, auf dessen Gipfel der Aussichtspunkt *Mirador de Morro Velosa* [Nr. 29] neue Erlebnisse fürs Auge verspricht.

i Praktische Hinweise

Hotels

***Hostal El Artesano**, Calle Reál 23, Antigua, Tel. 928 87 80 39. Kleine Pension am Rande des Zentrums mit einfachen Zimmern über dem gleichnamigen Bar-Restaurant, in dem man kanarische Spezialitäten kosten kann.

Era de la Corte, Vorort La Corte Nr. 1, Antigua, Tel. 928 87 87 05, www.eradelacorte.com. Das Hotel Rural, ein altes Haus von 1890, wurde sorgfältig restauriert und die komfortablen Zimmer im landestypischen Stil eingerichtet. Frühstück und Abendessen werden geboten. Mit Pool, Garten, Tennisplatz und Mountainbike-Verleih.

Restaurants

Bar Plaza, neben dem Kirchplatz, Antigua. Tapas, genauer *Media Raciones*, kommen aus der Küche, werden also nicht wie üblich an der Theke präsentiert (ab 8 Uhr, So Ruhetag).

El Molino de Antigua, Carretera de Antigua, km 20, Tel. 928 87 85 77. Rustikales und doch geschmackvoll eingerichtetes Restaurant im Museumsdorf von Antigua, das kanarische Küche offeriert (Di–Sa 13–22.30 Uhr, So abend und Mo geschl.).

La Flor de Antigua, an der Hauptstraße nach Betancuria, Calle El Obispo 42, Antigua, Tel. 928 87 81 68. Großes Restaurant, im hinteren Bereich für Familienfeiern und Gruppen, sehr gemütlich sitzt man vorne nahe der Theke. Serviert werden kanarisch-spanische Fisch- und Fleischspezialitäten. Preiswert (So Ruhetag).

Pastellfarbene Schönheit – von glanzvollen Zeiten zeugt diese Jugendstilvilla in Antigua

Die Zierde der Ermita de San Roque in Valles de Ortega ist ihr dunkler Glockenstuhl

21 Valles de Ortega

Die Ermita mit dem hohen Glockenstuhl am Ortsrand sollte vor Pestepidemien schützen.

Die Reste zahlreicher Windmühlen deuten schon an, dass einst rund um den Ort Bauern auf den großen Ländereien reicher Grundbesitzer schufteten. Heute lohnt sich die Landwirtschaft auf dem kargen Boden der regenarmen Insel nicht mehr. Nur auf wenigen Äckern werden noch Kartoffeln und Zwiebeln angebaut. Die Gutsherren haben sich längst anderen Geschäften zugewandt oder die Insel verlassen, die Nachkommen der Bauern arbeiten in Puerto del Rosario oder in den touristischen Zentren.

Das 4 km südlich von Antigua gelegene Valles de Ortega und der kleine Nachbarort *Casillas de Morales* sind heute fast zusammen gewachsen. Beide Dörfer wirken gepflegt, die meisten Häuser weiß verputzt, und in den kleinen *Barrancos* gibt es ein paar Gemüsegärten. Eine kleine asphaltierte, teils palmengesäumte Straße führt von Valles de Ortega südwärts Richtung Casillas de Morales. Zwischen diesen beiden Orten steht die gemeinsam genutzte **Ermita de San Roque**, die Besuchern während der Messe und bei größeren Feierlichkeiten offen steht. Nur dann kann man in dem kleinen, 1732 von der Großgrundbesitzerfamilie Goia 10 Jahre nach einer Pestepidemie gestifteten Kirchlein die *Rochus-Statue* besichtigen. Der hl. Rochus wird als Pestheiliger verehrt. Das schlichte, einschiffige Gotteshaus hat einen leicht erhöhten Chor und eine niedrigere Sakristei. Am Außenbau besitzt es ein Rundportal und darüber einen offenen Glockenstuhl aus

Von atemberaubender Schönheit ist die schlichte Berglandschaft bei Valles de Ortega

dunklen Vulkansteinen. Und, was auf Fuerteventura selten vorkommt, in den drei Öffnungen sind tatsächlich noch alle drei Glocken erhalten.

i Praktische Hinweise

Verpflegung

Die Gegend um Valles de Ortega, Agua de Bueyes und Tiscamanita [Nr. 21–23] ist schlecht mit Restaurants versorgt und die wenigen Bars haben unregelmäßig geöffnet. Also sollte man ein Picknick einplanen oder Mittagsrast in Antigua, Tuineje bzw. Pájara machen.

22 Agua de Bueyes

Wo die Regenmadonna zu Hause ist.

2 km südlich von Valles de Ortega sollte man von der Hauptstraße nach Westen in das kleine Agua de Bueyes abbiegen. Schon der Name des Dorfes macht neugierig. Denn er bedeutet übersetzt ›Wasser der Ochsen‹. Sollte das auf besonders fruchtbares, weil wasserreiches Land schließen lassen? Tatsächlich entsteht hier nachts besonders viel Tau, was sich wohl durch die zentrale Lage zwischen mehreren hohen Bergen – *Morro Janana* mit 670 m, *Gran Montaña* mit 708 m und *Agua Bueyes* mit 469 m – erklären lässt. Denn hier sinken die Temperaturen nachts beträchtlich und das Wasser in der Luft kondensiert. Aber häufigere Regenfälle als andernorts auf der Insel sind hier auch nicht zu verzeichnen – obwohl die Einwohner von ›Ochsenwasser‹ doch an ihre besondere Beziehung zu den regenspendenden Heiligen glauben! Das zeigt sich schon daran, dass die **Ermita de Guadelupe** (Schlüssel s. u.) bei den Bewohnern des Dorfes und der Umgebung besser bekannt ist als *La Iglesia de la Virgen de la Lluvia*, die Kirche der *Regenmadonna*. Ihr liegt eine besondere Geschichte zu Grunde: Die in dem urkundlich erstmals 1689 erwähnten Gotteshaus verehrte Marienfigur war nicht immer die Regenmadonna, sondern, was sie kirchengeschichtlich noch immer ist, die Jungfrau von Guadelupe. Doch nachdem es Ende des 18. Jh. jahrelang nicht geregnet hatte, holten die Bauern eines Tages ihre Schutzheilige aus der Nische im Hochaltar und brachten sie in einer langen Prozession auf die trockenen Felder. Dort flehten sie um Regen. Auf dem Weg

Stets prächtig mit Blumen geschmückt ist die Marienskulptur in der Ermita de Guadelupe

zurück ins Dorf geschah das Wunder: Der Himmel öffnete seine Schleusen!

Im Haus Nr. 56, das versteckt in einem üppigen Garten mit Orangenbäumen liegt, erhält man den Schlüssel zu dieser kleinen, sehenswerten Kirche. Schon draußen am hohen *Tor* der zinnenbewehrten Umfassungsmauer der Kirche sollte man einen Blick auf die drei Steine werfen, die über dem breiten Kalksandsteinbogen eingelassen sind. Der mittlere zeigt rechts und links eines Kreuzes zwei fein skulptierte Blumen, die beiden seitlich eingemauerten je eine schlanke Pyramide mit Kugelbekrönung. Wer den Hof durch dieses Tor betritt, geht direkt auf das (meist verschlossene) *Westportal* der Kirche zu. Einlass gewährt hingegen das Südportal – vorausgesetzt, man bekommt mit dem großen Schlüssel das raffiniert-einfache Schloss auf.

Der lange, einschiffige *Innenraum* schließt mit einer dunklen Mudéjardecke ab, deren Querbalken auffallend kunstvoll geschnitzt sind. Ihre Unterkante ist an den Langhauswänden zusätzlich mit ei-

Schlicht und einfach schön ist die Ermita de Guadelupe in Agua de Bueyes

ner gedrehten Holzkordel geschmückt. Einen Chor im eigentlichen Sinn gibt es nicht, denn das Langhaus endet im Osten mit einer geschnitzten und farbig gefassten *Altarwand*, deren Bekrönung hoch aufragt. Die Mittelnische unterhalb des Kruzifixes birgt die kleine Skulptur der *Virgen de Guadelupe*, die 1759 aus Mexiko auf die Insel kam. An ihrem hohen Feiertag wird sie auf eine Prozessionssänfte gehoben und auf die Felder hinausgetragen. Rechts vom Hochaltar hängt ein großes *Gemälde*, das die Kirchenpatronin in einem mandelförmigen Strahlenkranz zeigt. Dieser wiederum ist umgeben von vier Medaillons, in denen sich das Bild der von einem Engel getragenen Jungfrau im violetten Kleid und blauen Sternenmantel wiederholt.

23 Tiscamanita

Steile Karriere – vom kleinen Bauerndorf zum Mühlenzentrum Fuerteventuras.

An die letzten Häuschen im Süden von Agua de Bueyes schließt sich fast übergangslos der Ortseingang von Tiscamanita an. Hier fällt sogleich die schöne alte Windmühle auf, die die Inselregierung vor Jahren dazu veranlasst hat, auf dem Areal ein **Centro de los Molinos** (Di–Sa 10–18 Uhr), ein Mühlenzentrum, einzurichten. Dafür wurde der runde *Molino* mit vier langen Flügeln restauriert, ebenso der Backofen und das hübsche, im mittleren Teil zweigeschossige Haus des Müllers, das einen Innenhof umschließt. Entstanden ist so ein Museum mit mehreren Ausstellungsräumen.

TOP TIPP

In den dekorativ ausgeleuchteten Räumen des *Mühlenhauses* wird die Arbeitsweise der verschiedenen Mühlentypen erläutert. Wer ganz genau wissen möchte, wie sie funktionierten, kann dies anhand der ausgestellten Ingenieurzeichnungen leicht nachvollziehen. Und wenn man Glück hat, so ist der vom Museum angestellte Müller anwesend und führt den Molino vor (eigentlich sollte das während der Öffnungszeiten immer der Fall sein). Anschließend kann man den frisch gemahlenen *Gofio* kosten und manchmal sogar kaufen.

Am südlichen Dorfende steht hinter weißen Zinnenmauern die kleine **Ermita de San Marco**. Wenn man der Inschrift über dem Westportal glauben darf, stammt sie aus dem Jahre 1699. Ein Blick ins Innere bleibt den meisten Besuchern leider verwehrt, da das kleine Gotteshaus quasi immer geschlossen ist.

i Praktische Hinweise

Restaurant

Bar Tiscamanita, Ctra. General Tiscamanita 6, Tel. 679 44 70 08. Beliebter Treff, gute Tapas. Do geschl.

Molina oder Molino – das ist hier die Frage

Am Anfang der Mühlengeschichte stand die einstöckige, rechteckige **Tahona** (Zugmühle), deren Mahlwerk von mehreren Menschen oder einem Kamel über eine Antriebsstange (Almijarra) in Bewegung gesetzt wurde.

Im 17. und 18. Jh. importierte man dann aus Kastilien den **Molino macho**, die ›männliche‹, zweistöckige Windmühle. Sie ist rund, hat einen konischen Körper sowie ein Spitzdach aus Blech und Holz. Der Mechanismus, der über vier oder sechs Flügel bzw. Segel vom Wind angetrieben wird, sitzt im oberen Teil auf einem drehbaren Doppelring aus Holz. Über eine Achse wird die Haube mit den Flügeln in die jeweilige Windrichtung gedreht. Im oberen Teil befinden sich auch die Mühlsteine, das Getreide muss also über Treppen nach oben geschleppt werden. Das Mahlgut fällt dann über Holzschächte in den unteren Raum, wo das Mehl in Säcke gefüllt wird.

Mit der **Molina**, der ›weiblichen‹ Mühle, wurde ab dem 19. Jh. alles viel einfacher. Der gesamte Mahlmechanismus befindet sich in einem einstöckigen Gebäude, auf dessen Flachdach sich die an einem Holzgestell befestigten Flügel drehen. Die Windkraft wird über ein Antriebsrad auf eine Art vertikalen Pleuel, eine Verbindungsstange, übertragen, die dann im Mühlenraum die beiden Mühlsteine über ein Kammrad in Bewegung setzt.

Windmühlen en miniature sieht man im Centro de los Molinos in Tiscamanita

Auf Fuerteventura gibt es noch 23 Molinos und 15 Molinas. Einige wurden restauriert und können entlang der sog. **Mühlenstraße** besichtigt werden. Die Rundtour beginnt und endet in Corralejo mit seinen zwei Windmühlen im Norden der Insel. Mit ihnen sind insgesamt 13 Windmühlen zu besichtigen: in Corralejo (2), El Roque, Villaverde (2), Tefía, Llanos de la Concepción (2), Antigua, Valles de Ortega (2), Tiscamanita (Mühlenmuseum) und Puerto de Lajas.

Für Besucher hübsch herausgeputzt ist das Windmühlenmuseum von Tiscamanita

Wie eine Festung wirkt die mächtige Pfarrkirche San Miguel Arcángel von Tuineje

24 Tuineje

Ein fast arabisch anmutendes Dorf mit ruhmreicher Geschichte.

Knapp 3 km südlich von Tiscamanita führt die FV-20 in das größere Dorf Tuineje, an dessen Rand kubische, zur Straßenseite oft fensterlose **Bauernhäuser** stehen, die mit ihren Lehmdächern an maurische Vorbilder erinnern. Vermutlich sollten die unauffälligen, aus erdfarbenen Bruchsteinen gefertigten Gebäude einst Schutz vor Piratenangriffen bieten. Stolz sind die Dorfbewohner jedenfalls auf die erfolgreiche Abwehr englischer Korsaren durch eine List. Was sich damals, im Jahre 1740, ereignete [s. S. 74], lässt sich auch wunderbar von den kleinen Tafelbildern neben dem Hochaltar in der schönen Pfarrkirche **San Miguel Arcángel** mitten im Dorf ablesen. Falls die Kirche geschlossen ist, kann man im Haus gegenüber dem Westportal nach dem Schlüssel fragen.

Doch zunächst sollte man die Architektur des 1790 vollendeten Gotteshauses betrachten. Als Standpunkt bietet sich der große Parkplatz gegenüber der mächtigen *Westfassade* an. Mit ihren zwei gleich hohen, ausgeprägten Schiffen und dem fensterlosen *Glockenturm*, dessen Klangöffnungen in sicherer Höhe angebracht sind, erinnert die Kirche entfernt an eine Festung. Der Turm und die Kanten des Sakralbaus weisen markante, helle Ecksteine auf, dazu kontrastierend steigt in der Mitte der sonst weißen Vorderfront eine dunkle Mauer aus Lavastein auf, die die beiden Schiffe optisch voneinander absetzt. Nur das rechte Schiff besitzt ein Portal, das Hauptportal der Kirche, das aber üblicherweise verschlossen bleibt. Den Eingang findet man etwas versteckt rechts hinter dem Glockenturm, also im Süden, wo sich auch ein kleiner Platz befindet.

Beide Kirchenschiffe weisen im oberen Teil der Westfassade ein Rundfenster auf. Die Rechteckfenster an den Langhauswänden wirken von außen recht groß, entpuppen sich jedoch im *Inneren* als fast schießschartenartig schmal und sitzen so hoch, dass sie den Eindruck verstärken, der Bau sei als Wehrkirche errichtet worden.

Die Steinplatten am Boden sind altersdunkel und lose verlegt, das dekorative Motiv der hellen Ecksteine von außen wiederholt sich hier. Den unteren Abschluss der Mudéjardecke schmückt – wie in Agua de Bueyes [s. S. 69] – eine Holzkordel. Die wuchtigen Pfeiler tragen fast raumhohe Arkaden, ihre Kapitelle mit den aufgesetzten Kissen und Rechteckplatten erinnern an antike Säulenköpfe dorischer Ordnung. Der linke Chorabschluss ist durch die eingelassene Sakristei verkleinert, im rechten steht der in den Grundfarben Hellblau und Gold gefasste, mit Putten geschmückte *Hochaltar* in schönstem ›Indianerbarock‹. Dieser charakteristische Inselstil mit Girlanden aus exotischen Früchten und Blumen wurde von den *Canarios* importiert, die nach Lateinamerika ausgewandert und später nach Fuerteventura zurückgekehrt waren. Die Mittelnische beherbergt eine Figur des geharnischten Drachentöters Erzengel Michael, dem die Kirche geweiht ist.

Wer die zwei Tafelbilder mit der Darstellung der ›Schlacht am Tamasite‹ rechts und links des schönen Altarsockels genauer betrachten möchte, muss in die Knie gehen. Ein wenig merkwürdig sehen die naiv gestalteten Dromedare im linken Bild schon aus. Ihre Proportionen stimmen nicht, denn sie sind genauso groß wie die Menschen dargestellt. Allerdings wurde immerhin versucht, die Tiere auf den Hügeln im Hintergrund perspektivisch korrekt zu verkleinern. Im Übrigen wird in den Darstellungen, wie sich das für eine richtige Schlacht gehört, viel geschossen und mit Bajonetten gekämpft. Das zwischen sanfte Hügel gebettete Dorf mit seinen verstreut liegenden Häusern und der damals noch von einer Mauer umgebenen Kirche ist liebevoll und detailreich dargestellt.

Im einst tristen Dorf hat sich einiges verändert. Viele Restaurierungsmaßnahmen wurden unternommen. Straßen und öffentliche Gebäude werden sorgsam gepflegt. Auch wenn der Kirchplatz zum Fußgängerbereich umgestaltet wurde, kann man ringsum gut parken.

i Praktische Hinweise

Restaurant

La Choza, Plaza de San Miguel s/n, Tuineje, Tel. 677 85 14 55. Restaurant in einem renovierten Bauernhaus mit Terrasse am Kirchplatz. Geboten werden inseltypische Fleischgerichte, auch *Media Raciones* für den kleinen Hunger. Sonntags werden *Puchero* und Paella zubereitet. Mittelpreisig bis teuer.

25 Pájara

TOP TIPP *Schmuckes Landstädtchen mit üppigen Grünflächen und eindrucksvoller Kirche.*

Recht karg und nur vereinzelt mit Opuntien und Agaven bewachsen, präsentiert sich die Landschaft entlang der FV-30 westlich von Tuineje. Nur das Dörfchen *Toto* mit seiner kleinen Kirche bringt Abwechslung auf der tristen Fahrt, bis man schließlich in mehreren Kehren knapp 9 km hinter Tuineje die Ortschaft Pájara (196 m) erreicht. Sie breitet sich zu Füßen des *Fenduca* (609 m), am Rand eines tie-

Historischer Ort – am 13. Oktober 1740 fand hier die Schlacht am Tamasite statt

fen *Barranco* aus, der den Ort hinter Rathaus und Kirche durchschneidet. Die beiden Teile von Pájara sind durch ein Brückchen miteinander verbunden und hier verschwenderisch mit Agaven, Palmen und rot blühendem Oleander verschönt. Der reiche Verwaltungsort Pájara kann sich dies leisten, gehört doch der gesamte Inselsüden einschließlich der Halbinsel Jandía mit ihren Touristenzentren zu seinem Gemeindegebiet, wenn auch einige Dienstleistungsbereiche nach Gran Tarajal verlegt wurden.

Vom Wohlstand des Städtchens zeugen darüber hinaus nicht nur die vorbildlich restaurierten niedrigen Häuserzeilen mit roten Dächern und Holzbalkonen, sondern auch das einzige kommunale **Freibad** Fuerteventuras. Man sollte sich Zeit nehmen für einen Spaziergang durch den Ort. Vor dem ansonsten schmucklosen monumentalen Betonbau des Rathauses steht eine restaurierte *Noria*, ein alter Schöpfradbrunnen, der früher von Dromedaren in Gang gesetzt wurde. Die gepflegte, breite, mit Indischem Lorbeer bepflanzte **Calle Nuestra Señora de la Regla** sowie die von ihr abzweigenden Gassen laden zum Flanieren ein, und immer wieder kann man sich dabei am Anblick der für die Kanaren so typischen kleinen Holzbalkone an den Häusern erfreuen.

In Pájara befindet sich auch der mit Sicherheit schattigste Kirchplatz der Insel. Schließlich hatten die Indischen Lorbeerbäume Zeit, prächtig zu gedeihen: Pájara ist seit 1711 selbstständige Pfarrei, da stand bereits die 1645 begonnene und 1687 vollendete Kirche **Nuestra Señora de la Regla** (tgl. 9–14 Uhr), das rechte Schiff allerdings wurde erst im

TOP TIPP

Schlacht am Tamasite

Mit der Entdeckung Amerikas wurden die von Spanien eroberten **Kanaren** wichtige strategische Stützpunkte für die sichere Passage über den Atlantik. Um seine Ansprüche geltend zu machen, erklärte England dem spanischen Widersacher 1730 den Krieg, doch erst am **12. Oktober 1740** landeten 53 schwer bewaffnete britische Korsaren im Hafen von Gran Tarajal und machten sich auf den Weg in Richtung Tuineje. Ihr Ziel: die damalige **Hauptstadt Betancuria**. Durch die trockenen Barrancos kamen sie gut voran, vorerst ohne entdeckt zu werden. Nach dem ersten Hahnenschrei des 13. Oktober drangen sie in die Siedlung **Casilla Blanca** südlich des Berges Tamasite ein und zwangen einen Mann namens Pedro Dominguez, sie zum Gouverneur in Betancuria zu führen. Der Alte konnte jedoch vorher noch einem seiner Söhne Anweisungen geben, über den 346 m hohen Berg **Tamasite** nach Tuineje vorauszulaufen, um Alarm zu schlagen. Von Dorf zu Dorf ertönten alsbald die Kirchenglocken. Dann erreichten die Piraten Tuineje und plünderten die Kirche. Als sie bemerkten, dass sich die Dorfbewohner formierten und auch Hilfe aus der Umgebung anrückte, entschlossen sie sich zum Rückzug Richtung Meer. Doch **Sánchez Umpiérrez**, der Kommandant der **Majoreros**, wie Fuerteventuras Bewohner genannt werden, wollte mehr. Er befahl, den hl. Michael um Hilfe zu bitten. Außerdem sollten die Menschen die **Dromedare** zusammentreiben und sich mit ihnen südlich vom Tamasite, am strategisch günstigen Pass von El Cuchillete, den Engländern entgegenstellen. Die dickhäutigen Tiere an vorderster Front fingen den Kugelhagel der Eindringlinge ab. 22 Todesopfer mussten diese bei ihrer Flucht zurücklassen. Die Sieger aber schworen daraufhin, niemals die Unterstützung ihres Schutzpatrons zu vergessen, und leisteten den **Jurada de San Miguel**, den ›Schwur für den hl. Michael‹, der jedoch alsbald vergessen wurde. Erst sehr viel später, im Jahre 1946, rief sich der Pfarrer von Tuineje das historische Ereignis ins Gedächtnis und schlug vor, den 13. Oktober zum **Festtag** auszurufen. In die Tat umgesetzt wurde dieses Vorhaben jedoch erst 1974. Seither wird alljährlich zwischen dem 8. und dem 13. Oktober fast eine ganze Woche lang gefeiert und die Schlacht am Tamasite als Theaterstück nachgestellt. Wie damals ziehen die ›englischen Freibeuter‹ in ihren roten Uniformen von Gran Tarajal durch den Barranco und über den Tamasite nach Tuineje, wo dann der Sieg über die Angreifer beim Lärm der Donnerbüchsen mit Spiel und Tanz gefeiert wird.

Prunkvoll ist das linke Portal der 1687 vollendeten Kirche Nuestra Señora de la Regla in Pájara

18. Jh. angebaut. Prunkstück der Fassade ist zweifellos das ungewöhnliche, bis zum Dach reichende *Portal* am linken Schiff. Lange Zeit blieb die Herkunft der aztekischen Dekorationen über dem Torbogen rätselhaft. Neben Sonnenornamenten erkennt man Schlangen, Federn, bekrönte Pumas und sogar Köpfe von Indianern mit Federschmuck. Waren es Rückkehrer aus Mittelamerika, denen aztekischer Architekturschmuck als Vorlage diente, oder wurde gar das ganze Portal, Stein für Stein, aus der ›Neuen Welt‹ importiert? Erst in jüngster Zeit will man herausgefunden haben, dass der unbekannte Steinmetz seine Motive möglicherweise einem italienischen Musterbuch entnommen hat, in dem die Verwendung mexikanischer Schmuckelemente empfohlen wurde.

Man betritt die Kirche durch das schlichte *Rundportal* des rechten Schiffes, das aus hellem Kalksandstein besteht. Sehenswert im *Inneren* ist die dunkle

Ein echter Hingucker im Kircheninneren ist die Schutzheilige ›Maria mit dem Kind‹

Kunstvoll gefertigt ist die aus Kuba stammende Virgen de la Regla aus dem 17. Jh.

Mudéjardecke, die sich im lang gestreckten Chorraum fortsetzt. Zentraler Blickfang des Hochaltars im linken Schiff sind die Schutzheiligen der Kirche, ›Maria mit Kind‹ (spätes 17. Jh., beide mit prächtiger Silberkrone und Strahlenkranz). Die Figurengruppe stammt vermutlich aus Kuba, wo die *Virgen de la Regla* in Havanna und Regla – daher der Name – ebenfalls verehrt wird. An hohen Festtagen kann man durch die beiden in der Altarwand versteckten Türen über Treppen in die Nische mit der Madonna steigen.

Einen reizvollen Blickfang an den Häusern von Pájara bilden die rustikalen Holzbalkone

Zu den Kostbarkeiten der Kirche gehören außerdem ein Kruzifix am Mittelpfosten vor dem Chorraum, dessen ansonsten bäuerlich geprägte Christusfigur zarte Gesichtszüge aufweist, und in der barocken Altarwand des rechten Seitenschiffs eine eindrucksvolle kleine ›Schmerzensmutter‹ (*Mater dolorosa*).

i Praktische Hinweise

Restaurants

TOP TIPP **Casa Isaítas**, Calle Guize 7, Pájara, von Betancuria kommend auf der rechten Seite, Tel. 928 16 14 02, www.casaisaitas.com. Stilvolles Restaurant mit Innenhof und der Spezialität Zicklein. Auch 4 Gästezimmer (s. u.).

La Fonda, Calle Nuestra Señora de la Regla 28, Pájara, Tel. 928 16 16 25. Gemütlich eingerichtetes Restaurant in einem schön restaurierten Haus gegenüber der Kirche, Tische auch an der Straße. Zu den Spezialitäten gehören Zicklein und Kaninchen.

Hotel

Casa Isaítas, Calle Guize 7, Pájara, Tel. 928 16 14 02, www.casaisaitas.com. 4 rustikal eingerichtete Zimmer in renoviertem Bauernhaus mit Innenhof, Aufenthaltsraum und Bibliothek. Direkter Zugang zum Restaurant (s. o.).

26 Ajuy

Einstiges Fischernest in wild zerklüfteter Felslandschaft.

Im 10 km nordwestlich von Pájara gelegenen Ajuy, auch *Puerto de la Peña* genannt, kommen vor allem Naturliebhaber auf ihre Kosten: Hier wurde ein 10 km langer Küstenabschnitt mit z. T. bizarren Felsformationen Anfang der 1990er-Jahre zum Naturdenkmal, *Monumento Natural*, erklärt und ein befestigter Weg hoch über den Steilfelsen bis zu einem gemauerten Mirador ausgebaut. Unterhalb der Klippen liegt die feinsandige, tief ins Land greifende, schwarze **Playa de los Muertos**, an der es allerdings keine Strandeinrichtungen gibt. Ein schönes Plätzchen für Sonnenanbeter, aber nichts für Schwimmer, für die der hohe Wellengang und die Unterströmungen gefährlich werden könnten. Der so unheimlich klingende Name der Playa, ›Strand der Toten‹, stammt noch aus der Zeit, als hier einmal Piraten landeten und unter den Einheimischen ein schreckliches Blutbad anrichteten.

Die wenigen Häuser von Ajuy sind normalerweise nur an den Wochenenden oder in den Sommerferien bewohnt. Dann erwacht das Dorf, das ansonsten nur vom Tagestourismus lebt, kurzzeitig zum Leben. Die örtlichen **Fischrestaurants** haben meist nur von 10 bis 17/18 Uhr geöffnet, sind also reine Ausflugslokale. Für ein besonderes Ambiente sorgen natürlich auch die romantische Kulisse, das Rauschen der Wellen, die Steilküste mit ihrer wilden Schönheit, der Strand, der nach dem Essen zu einer ausgedehnten Siesta einlädt, oder der Fußweg durch pittoreske Szenerie zum Aussichtspunkt über tiefen Grotten [s. S. 78].

Von dort führt ein Trampelpfad oberhalb der **Caleta Negra** weiter bis zum **Barranco de la Peña** mit dem großen Felsentor [s. S. 78].

Praktische Hinweise

Restaurants

Die Lokale offerieren als Spezialitäten vor allem frischen Fisch (Mai–Okt.) sowie Zicklein. Mittelpreisig.

Wild-romantische Westküste bei Ajuy – die ›Schwarze Bucht‹, Caleta Negra genannt

Wanderung zu tiefen Grotten und einer ›Schwarzen Bucht‹

Früher herrschte reges Treiben in Ajuy, auch Puerto de la Peña genannt. **Schiffe** wurden mit gebranntem Kalk beladen, und es müssen ganz schön waghalsige **Seemänner** gewesen sein, die sich bis etwa 1850 mit ihren Booten in die Bucht mit der besonders im Winter starken Brandung wagten! Die **Steilküste**, insbesondere nördlich der Playa de los Muertos, ist von der Natur geradezu abenteuerlich gestaltet: Die schwarzen, überhängenden **Lavawände** weisen helle Kalkstreifen auf, und durch die Brandung haben sich im Lauf der Jahrtausende in den zerklüfteten Felsen Höhlen gebildet.

Vom Strand aus ist man in einer knappen Viertelstunde oben am ausgebauten **Mirador**. Dieser bietet interessante Einblicke in die alten **Kalkbrennöfen** und auf die einstigen **Verladestellen** für den begehrten Kalk, der bis in die zweite Hälfte des 19. Jh. von hier aus auf die Nachbarinsel Gran Canaria verschifft wurde. Danach übernahm Puerto de Cabras, das heutige Puerto del Rosario, diese Rolle.

Wer vom Mirador oberhalb der Steilküste weiter wandern möchte, sollte festes Schuhwerk tragen. Bei den schon vom Mirador aus sichtbaren Verladestellen gibt es die Möglichkeit, über teilweise aus dem Felsen geschlagene Treppen steil abwärts in tiefe *Grotten*, **Cuevas**, zu steigen, die sowohl vom Meer als auch von Menschenhand ausgehöhlt wurden: Sie dienten als Kalklager, später auch als Piratenverstecke und sind noch heute – wenn die See nicht gar zu rau ist – ein wahrer Abenteuerspielplatz für ganz Mutige! Am Ende der ersten Höhle zeigt ein weißer Pfeil den Einstieg in eine zweite, rund 600 m lange Felsgrotte, die auch mit Taschenlampe nur in ihrem vorderen Teil besichtigt werden sollte. Dahinter beginnt dann das Arbeitsfeld der Höhlenforscher!

Wieder oben angelangt, geht man an einer Gabelung einen Trampelpfad nach Norden an ein paar runden Bohrlöchern (Vorsicht!) vorbei, die bis hinunter zur kieseligen **Caleta Negra** reichen, wegen ihrer dunklen Felsen ›Schwarze Bucht‹ genannt. Die Löcher dienten wahrscheinlich als bequeme Rutschen für die Kalkbrocken. Ein Abstieg ist an dieser Stelle nicht möglich, die ›Schwarze‹ erreicht man nur mit dem Boot.

Nach diesem schönen Blick auf die Caleta Negra überquert man eine mit Steinen übersäte Hochfläche und erreicht dann das berühmte, etwa

TOP TIPP

20 m hohe Felsentor **Peña Horadada**, das die Mündung des *Barranco de la Peña* (Peña = Fels, Klippe) markiert. Dies ist die Stelle, an der Jean de Béthencourt im Jahre 1405 landete und seinen Eroberungszug über die Insel begann [s. S. 12]. Man kann zum Felsentor und in den mit zerzausten Tamarisken bewachsenen Barranco absteigen. – Die Wanderung vom Mirador bis zum Felsentor dauert rund 45 Minuten.

Beeindruckende Höhlen gibt es bei einer Wanderung zur Caleta Negra zu sehen

Abwechslungsreich zeigt sich beim Oasendorf Vega de Río Palmas die eher wüstenhafte Insel

Cuevas de Ajuy, Playa de los Muertos, Ajuy, Tel. 928 16 17 20. Etwas zurückversetzt stehendes Lokal, gleichwohl mit Meerblick, freundlich und sauber. Preisgünstige Tageskarte.

La Jaula de Oro, direkt am Strand, Ajuy, Tel. 928 16 15 94. Mit Tischen im Freien. Serviert werden frischer Fisch, Rindfleisch oder auch Pizza.

Puerto de la Peña, auch Casa Fernando genannt, auf dem Weg zum Strand links, Ajuy, Tel. 928 16 14 68. Bei den Einheimischen sehr beliebtes Lokal mit Terrasse und Meerblick auf halber Höhe des Ortes. An den Wochenenden geht es hier recht laut und lustig zu. Preiswertes Tagesmenü.

27 Vega de Río Palmas

Fruchtbare Palmenoase in romantischem Tal und eine berühmte Wallfahrtskirche.

Die FV-30 nördlich von Pájara Richtung Betancuria gehört zu den kurvenreichsten Strecken der Insel. Sie schlängelt sich durch eine Gebirgslandschaft mit bis zu 700 m hohen Gipfeln und bietet immer wieder faszinierende Blicke auf die von der Erosion sanft abgerundeten Vulkanberge und in tiefe, die Landschaft zerfurchende Barrancos.

Nach knapp 10 km ist linker Hand das kleine, lang gezogene Dorf Vega de Río Palmas inmitten eines breiten *Barranco* erreicht. Schlichte Bauernhäuser stehen verstreut in einer prächtigen Palmenlandschaft. Die Einwohner von Vega lieben ihr Tal, das trotz des fehlgeschlagenen Stauseeprojekts [s. S. 81] noch fruchtbar ist. Dicht hinter ihren Anwesen bewirtschaften die Bauern ihre Felder und bauen hauptsächlich für den Eigenbedarf Gemüse, Salat, Kartoffeln und Kichererbsen an. Die verhältnismäßig guten Ernteerträge sind vor allem dem mineralstoffreichen Boden zu verdanken, dessen rötliche Farbe immer intensiver wird, je näher man dem Barranco kommt. Hier drehen sich Wasserräder und pumpen das kostbare Nass aus den Brunnen, begrünen Felder und kanarische Palmen, die zusammen mit den aus Afrika stammenden Dattelpalmen das Tal gestalten – kurzum ein ungewöhnlich abwechslungsreiches Bild auf der sonst recht kargen Insel.

Am Ende des Ortes, Richtung Betancuria, erhebt sich unweit der Durchgangsstraße die Wallfahrtskirche **Virgen de la Peña** (Di–So 11–13 und 17–19, Messe Sa 18 Uhr), zu deren aus hel-

Top Tipp

Warme Erdtöne und saftiges Grün umschmeicheln die einstige Inselhauptstadt Betancuria

lem Vulkanstein gefertigten Westfassade ein breiter Aufgang hinaufführt. Das *Portal* der im 17. und 18. Jh. errichteten einschiffigen Kirche präsentiert sich wie so oft auf den Kanaren im Stil der verspäteten Renaissance. Über ihm erhebt sich ein doppelter offener Glockenstuhl.

Beim Betreten des *Innenraums* fällt als erstes die schwere, dunkle *Mudéjardecke* auf, die im Chor besonders feine Kassetten (*Artesonado*) aufweist und reich mit Ranken- und Vogelmotiven sowie hübschen Holz-›Blumen‹ dekoriert ist, weshalb sie dort etwas leichter wirkt.

Der Grundton der *Hochaltarwand* von 1769 ist rötlich und weist goldene und blaue, in der Kunst des 17. und 18. Jh. übliche Chinoiserien auf. Die Bildfelder mit verschiedenen Szenen aus dem Alten und Neuen Testament sind durch markante Pfeiler in der Vertikalen sowie vor- und zurückspringende Gesimse in der Horizontalen voneinander getrennt. In der Mittelnische erblickt man unter einem Taufbild die bedeutendste Heiligenfigur Fuerteventuras: die nur 23 cm kleine *Virgen de la Peña* mit ihrer schweren Goldkrone. Sie steht auf einer silbernen Mondsichel und ist von einem silbernen Strahlenkranz umgeben. Diese Alabaster-Statue der ›Felsenjungfrau‹ ist in spätgotischem Stil mit der typischen Körperhaltung in S-Form gefertigt. Sie gilt gleichzeitig als älteste Sakralfigur auf den Kanarischen Inseln, weshalb sie 1675 zur Schutzpatronin Fuerteventuras erkoren wurde.

Die bedeutendste Heiligenfigur der Insel im Hauptaltar der Kirche in Vega de Río Palmas

Jeweils in der dritten Septemberwoche wird die Patronin einige Tage lang gefeiert. Viele Gläubige treffen sich dann im Palmental, manche kommen sogar zu Fuß, und bringen der Jungfrau ihre Gaben dar. Höhepunkt der *Wallfahrt* ist der Samstag mit einer Messe und anschließender Prozession. Sportliche Wettkämpfe, folkloristische Tänze, musikalische Darbietungen und schließlich ein Feuerwerk bilden den Rahmen der festlichen *Romeria*.

Ein recht naives Bild über dem nördlichen Seitenportal der Wallfahrtskirche zeigt die Auffindung der Felsenjungfrau in einer kleinen Grotte [s. S. 86]. Die Figur hatte Jean de Béthencourt im 15. Jh. nach Betancuria gebracht, 1593 wurde sie vor

Piraten gerettet und im Barranco de las Peñitas versteckt, wo sie erst nach Jahren wiederentdeckt wurde.

Beachtung verdient auch die kleine *Altarwand* links vor dem Chorraum, die sich im üppigen ›Indianerbarock‹ präsentiert, der durch Rückwanderer aus Lateinamerika auf die Kanaren gebracht wurde. Er trieb so manche Stilblüte, hat aber, wie man hier sehen kann, auch recht anmutige Werke hervorgebracht: Rechts und links hängen Äpfel und Birnen, Trauben und Granatäpfel, im oberen Bereich zieren Ranken und Blumen den Rahmen.

Manchmal kommen sogar Touristengruppen, um zum nahe gelegenen **Stausee** und weiter zur kleinen Kapelle, der **Ermita de la Peña**, zu wandern. Der See allerdings ist verlandet, die an seinen Ufern wuchernden Tamarisken machten das Wasser salzig und damit unbrauchbar für die Landwirtschaft. Naturschützer verhinderten das Fällen der Bäume und im Laufe der Jahre füllte sich der See mit angeschwemmter Erde.

i Praktische Hinweise

Restaurant

Don Antonio, Plaza de la Peña s/n, Vega de Río Palmas, Tel. 928 87 87 57. Renoviertes Bauernhaus aus dem 17. Jh., sehr dekorativ und gemütlich eingerichtet, mit schönem Innenhof. Die verfeinerte, kreative spanisch-kanarische Küche ist ein wahrer Genuss, doch hochpreisig (Di–So 10–17 Uhr).

28 Betancuria

TOP TIPP *Die alte Hauptstadt der Insel ist eine wahre Bilderbuchschönheit!*

Der *Naturpark von Betancuria*, der größte der Insel, und ihre grüne Lunge, umfasst mit etwa 165 km^2 immerhin 10 % der Fläche Fuerteventuras und reicht bis in die Gemeindegebiete von Puerto del Rosario, Antigua, Pájara und Tuineje hinein. Mittendrin duckt sich zu Füßen des Berges *Betancuria* (724 m) die gleichnamige **frühere Inselhauptstadt** in ein enges, grünes Tal. Noch etwa 840 Menschen haben im Ort und der Umgebung ihren ständigen Wohnsitz. Das malerisch in 396 m Höhe gelegene Städtchen gehört zu den beliebtesten Ausflugszielen der Insel und kann daher tagsüber, vor allem am späten Vormittag, von Touristen stark überlaufen sein. Wer mit dem Wagen kommt, sollte den Besuch möglichst früh oder aber am späten Nachmittag einplanen, um die Sehenswürdigkeiten des Ortes, der als Gesamtensemble unter **Denkmalschutz** steht, in Ruhe genießen zu können.

Geschichte Im Jahr 1405 fanden europäische Siedler in dem damals noch sehr wasserreichen Tal, weitab der Küsten, nach der Vertreibung der Ureinwohner einen sicheren Platz. Der normannische Edelmann und Ritter **Jean de Béthencourt** hatte im Auftrag des kastilischen Königs Heinrich III. die Insel von Lanzarote aus in einem Handstreich erobert [s. S. 12]. Die **erste Ortsgründung** auf Fuerteventura, bzw. auf dem gesamten Archipel (abgesehen von der Festung Rubicón auf Lanzarote, die zum ersten Bischofssitz der Kanaren erklärt wurde) benannte er nach sich selbst – daher der

Kleines Fruchtbarkeitsidol – ein Besuch des Casa Museo de Betancuria ist ein Muss

Name Betancuria. 200 Handwerker und Bauern aus der nordfranzösischen Normandie hatte er mitgebracht und hier angesiedelt. Dank ihrer Kenntnisse im Hausbau, Ackerbau und Viehzucht konnten diese relativ schnell eine gut funktionierende Stadt errichten, deren dreistöckige schmale Gebäude naturgemäß an ihre Heimat erinnerten. Doch 1593 machten nordafrikanische Piraten unter Führung des berüchtigten und gefürchteten *Xaban Arraez* die damalige Hauptstadt fast vollständig dem Erdboden gleich. Die heutige Bausubstanz stammt z. T. noch aus der Zeit des anschließenden Wiederaufbaus: Damals wurden hauptsächlich **Feudalsitze** errichtet, die allerdings allmählich verlassen wurden, nachdem Betancuria 1835 die Hauptstadtrolle an Puerto de Cabras, das heutige Puerto del Rosario, hatte abgeben müssen. Bis zum Einsetzen des **Tourismus** in den 1970er-Jahren lebten die Bewohner recht und schlecht von der spärlichen Landwirtschaft, aufgrund von Missernten und Hungersnöten waren viele Leute gezwungen, nach Südamerika auszuwandern. Heute aber leistet der Fremdenverkehr einen wesentlichen Beitrag zum Wohlstand des Ortes.

Besichtigung Von Süden kommend fährt man am Rand des Barranco entlang, der sich linker Hand die sanften Hänge hinaufzieht. In ein paar niedrigen Gebäuden auf der rechten Seite dieser Durchgangsstraße sind meist Ausflugslokale und Souvenirgeschäfte untergebracht. Sie stammen – zumindest in ihrer Struktur und in einigen Dekorationsdetails wie Fenster- und Türrahmen aus schlicht behauenen Steinen – noch aus der ›Gründerzeit‹ der Stadt und verdienen eine genauere Betrachtung. Eines von ihnen, leicht zurückversetzt und erkennbar am Vorgarten mit den vielen Bäumen und den zwei Kanonen vor dem Eingang, beherbergt das TOP TIPP **Museo Arquelógico** (Di–Sa 10–18 Uhr), ein altehrwürdiges Stadthaus, das 1984 der Inselregierung geschenkt wurde, um hier historische Zeugnisse der Insel zu sammeln. In dem überschaubaren kleinen Museum geben ausgewählte Exponate Aufschluss über die Frühzeit der Insel und ihre kanarischen Ureinwohner, auf Fuerteventura *Majos* oder *Majoreros* genannt. Zu den bedeutendsten Ausstellungsstücken des Museums zählen die kleinen Fruchtbarkeitsidole aus Sandstein.

Zentrum des alten Ortskerns von Betancuria ist die Kirche Nuestra Señora de la Concepción

Sie sind meist ohne Unterschenkel und Füße dargestellt, ferner haben sie einen kleinen Kopf. Oberschenkel und Brüste hingegen sind stark betont. Die Figürchen wurden in der nach ihnen benannten *Cueva de los Idoles* bei Villaverde gefunden.

Die Forschung zur Geschichte Fuerteventuras vor der spanischen Eroberung steckt noch in den Kinderschuhen. So stammen die meisten Funde von Ausgrabungen, die 1971 und 1986 durchgeführt wurden. Über die Fundorte der Objekte geben Fotos in den ersten beiden Räumen Auskunft. Darüber hinaus werden auch die auf der Insel üblichen Grabtypen und einige der Felsritzungen vom Tindaya, dem Heiligen Berg der Guanchen [s. S. 40], dokumentiert. Außerdem gibt es ein Modell mit den typischen Rundhütten der Ureinwohner.

Das kleine Museumsgebäude besitzt einen kühlen Innenhof, ohne den kaum ein kanarisches Haus auskommt. In einem vom Patio aus zugänglichen Raum sind Arbeitsgeräte und Hausrat der ersten vom europäischen Festland zugewanderten Siedler ausgestellt.

Unweit des Museums, auf derselben Straßenseite, schließt sich das kleine **Centro Insular de Artesanía** (Di–Sa 10–18 Uhr) an, das staatliche Kunsthandwerkszentrum, in dem man Flecht- und Webarbeiten, Stickereien, Keramik und Korbwaren bewundern und auch kaufen kann.

Auf der anderen Straßenseite blickt man in den engen *Barranco*, der mitten durch das Städtchen verläuft. Am gegenüberliegenden terrassierten Hang sieht man das Bauensemble des feudalen Zentrums von Betancuria: links ein einstiges Herrenhaus, in dem das kleine *Museo de Arte Sacro* untergebracht ist [s. S. 85], eine Terrasse höher die Casa Santa María und rechts die Pfarrkirche, über der ebenfalls einige Herrenhäuser stehen.

Der Weg führt nun 100 m nach Norden und dann über eine Brücke, im Talgrund sieht man Gärten mit Palmen und Opuntien. Gleich hinter der Brücke steht die Pfarrkiche, vor der man den Wagen abstellen muss, denn die winzige Altstadt ist Fußgängern vorbehalten. TOP TIPP **Nuestra Señora de la Concepción**, (Mo–Fr 11–16, So 11–14 Uhr) auch Santa María genannt, besitzt einen hohen, trutzigen *Glockenturm* mit einem kleinen pyramidalen Aufsatz. Seine Ecken sind durch große, helle Vulkansteine betont, ansonsten ist er wie der Kirchenkorpus weiß gestrichen. Im unteren Teil des Turms, der durch die Kirche zugänglich

Kunstvoll mit Schnitzwerk verziert ist der Hochaltar von Nuestra Señora de la Concepción

ist, gelangt man in den ältesten, im Jahr 1410 entstandenen Bauteil: die in ihrer Struktur gotische *Taufkapelle*. Im Westen ist das Gotteshaus in ein Ensemble aus Herrenhäusern integriert. Die Schauseite der Kirche mit dem hellen Renaissance-

Geradezu leichtfüßig – die Darstellung des Erzengels Michael beim ›Jüngsten Gericht‹

portal befindet sich im Süden und blickt auf die herrschaftliche Casa Santa María.

Die kleine ursprünglich gotische Kirche besaß 1424–30 den Rang einer Kathedrale. Beim Piratenüberfall von 1593 wurde das Gebäude jedoch so stark beschädigt, dass im 17. Jh. ein diesmal dreischiffiger Neubau errichtet werden musste, der bis heute erhalten ist. Die weit oben sitzenden Fenster und die enorm dicken Mauern deuten darauf hin, dass Turm und Kirche als Wehrbauten konzipiert waren, in denen die Bewohner bei möglichen Überfällen Schutz suchen konnten. Überwältigend ist der Raumeindruck des *Inneren*, das aufgrund der sehr hohen Arkaden zwischen Mittelschiff und Seitenschiffen Hallencharakter besitzt. Die teilweise reich geschnitzte Mudéjardecke von 1645 ist ebenso bemerkenswert wie das geschnitzte Chorgestühl, das hinter drei Rundbögen auf zierlichen Säulen steht.

Der barocke mit Schnitzwerk verzierte *Hochaltar* von 1684 gehört zum Schönsten, was Fuerteventura an sakraler Kunst zu bieten hat. Beeindruckend sind die Fülle und die überschwängliche Farbenpracht seiner Ornamente, vorwiegend Früchte und Girlanden. Viel Blattgold wurde verwendet, um einen würdigen Rahmen für die ›Santa María de Buenaventura‹ zu schaffen, die in der muschelförmig abschließenden, mit Blumenmotiven ausgemalten Hauptnische steht: eine fast bäuerlich wirkende Mondsichelmadonna mit länglichem Gesicht und einem lächelnden Christusknaben auf dem Arm. Mutter und Kind tragen schlichte, hohe Silberkronen.

Von besonderer Pracht ist auch die Skulptur ›La Inmaculata Concepción‹, ›Die Jungfrau der Unbefleckten Empfängnis‹. Das Gesicht Mariens wirkt hier besonders zart, fast zerbrechlich. Auf ihrem vergoldeten Haar sitzt eine Silberkrone. Ihr Kleid ist golden und grün, der schwere rote Mantel mit der blauen Innenseite elegant gefaltet. Bei Prozessionen wird die Figur aus ihrer mit Blumen bemalten und muschelförmig bekrönten Nische in der linken Altarwand herausgeholt und durch den Ort getragen.

Eine dritte Plastik, etwas schlichter und in goldbraun-bronzenem Farbton gehalten, ist ›Santa Catalina‹, die hl. Katharina, die ein Buch in der Hand trägt. Das Kunstwerk, eines der ältesten der Insel, steht in der rechten Nische des dreiteiligen Seitenaltars.

Natürlich gibt es auch in diesem Gotteshaus eine Darstellung des ›Jüngsten Gerichts‹. Das Ölgemälde hängt an der linken Langhauswand neben der Taufkapelle und zeigt im Zentrum den siegreichen geradezu leichtfüßig erscheinenden Erzengel Michael.

Im kleinen *Sakralmuseum* in der Sakristei ist vor allem die kassettierte *Artesonado*-Decke aus dem 17. Jh. mit ihrer roten, grünen und goldenen Fassung sehenswert. Eine im Kirchenarchiv aufbewahrte Quittung von 1658 für diese kunstvolle Arbeit nennt den hohen Betrag von 210 Reales. Die zahlreichen ausdrucksstarken Bilder an den Wänden, wie etwa die ›Anbetung der Hirten‹ oder die ›Darstellung Christi im Tempel‹, datieren aus dem beginnenden 18. Jh.

Das **Museo de Arte Sacro** (Mo–Fr 11–18, Sa 11–14 Uhr), das Museum für kirchliche Kunst, liegt in der Nähe der Wallfahrtskirche. Es ist in einem früheren Herrenhaus mit balkonverziertem Obergeschoss untergebracht. Unter den zahlreichen sakralen Kunstwerken aus mehreren Kirchen der Insel sind beispielsweise die ›Pietá‹ spanisch-flämischer Schule und eine Holzskulptur des hl. Petrus besonders zu beachten. Die Fotoausstellung mit den schönsten Sakralbauten Fuerteventuras ist ebenfalls sehenswert.

Eine steile Gasse führt zurück zum Kirchplatz, der von zweigeschossigen alten Bürgerhäusern umstanden ist. Eines davon, das vermutlich aus der ersten Hälfte des 17. Jh. stammt, soll das älteste erhaltene Gebäude der gesamten Kanaren sein. Es gehört inzwischen einem auf Lanzarote lebenden Deutschen. Er hat in der **Casa Santa María**, wie das architektonische Schmuckstück genannt wird, ein feines Restaurant [s. S. 87] sowie ein *Museum* (Mo–Sa 10–15.30 Uhr) eingerichtet, das sich vornehmlich der Präsentation lokalen Kunsthandwerks widmet. Dort gibt es auch eine *Bodega*, in der man bis

Einen Einblick in die traditionelle Webtechnik erhält der Besucher in der Casa Santa María

spätabends Kleinigkeiten essen sowie Getränke und typische kulinarische Produkte der Insel kaufen kann, z.B. Käse, Eingemachtes, scharfe *Mojo*-Soße oder Marmelade. Ebenso gehört ein großer Souvenirladen, die *Casa Cerámica*, zu dem Komplex. Alles ist recht effektvoll in Szene gesetzt. Besonders attraktiv sind die Räume des *Spezialitätenrestaurants* – die Wandverschalungen und Möbel zeigen üppiges Blumen- und Früchtedekor – und die dazugehörige Terrasse. Um das frühere Herrenhaus auf diese Weise bewundern zu können, muss man zwar tief in die Tasche greifen, aber immerhin wurde die Restaurierung und somit Erhaltung des Gebäudes durch diese Privatinitiative überhaupt ermöglicht.

Vom historischen Zentrum aus geht es ein paar Serpentinen hinauf in Richtung Mirador Velosa (645 m). Schließlich erreicht man die am nördlichen Ortsrand gelegene, etwas übertrieben romantisch herausgeputzte Ruine des **Convento de San Buenaventura**. Eine Marmortafel am Eingang der Klosterkirche erinnert an den spanischen Eroberer *Diego García de Herrera*, der die Insel als Basis für seinen Handel mit afrikanischen Sklaven wählte und im Kloster 1485 beigesetzt wurde. Mit dem Bau dieses ersten *Franziskanerklosters* der Kanaren war bereits 1416 begonnen worden, also kurz nach der Eroberung Fuerteventuras durch die Spanier. Es wird als die Keimzelle des Christentums auf den Kanarischen Inseln angesehen, denn von hier aus haben Missionare die Bevölkerung christianisiert. Nach zwei Piratenüberfällen (1460 und 1593) wurde die Kirche jeweils wieder aufgebaut und vergrößert. 1836 fiel das Kloster der Säkularisierung zum Opfer und fortan diente die Anlage den Nachbarn als willkommener Steinbruch. 1980 schließlich folgte die Restaurierung der Überreste.

Von dem ursprünglichen Gebäude auf kreuzförmigem Grundriss sind die Außenmauern, steinerne Altarwände aus der Renaissance, schöne Rundbögen und ein gotischer Spitzbogen an der rechten Seitenwand erhalten.

Nebenan, über eine kleine Brücke erreichbar, steht unterhalb der Landstraße hinter einer Zinnenmauer die kleine, leider fast immer verschlossene zweischiffige **Ermita de San Diego**, deren Stützen ornamentenreiche Kapitelle tragen. An dieser Stelle befand sich zunächst nur eine Höhle, in die sich der Franziskanermönch *Didacus* (span. Diego de Alcalá), 1445–49 Abt des Klosters, zurückgezogen haben soll. Nach seinem Tod 1463 wurde über der Höhle eine kleine Kapelle errichtet. Teile davon, z.B. der gotische Spitzbogen an der linken Außenwand, wurden im 17. Jh. beim Bau der heutigen Ermita wieder verwendet. Bei Didacus handelt es sich um jenen Mönch, welcher der Überlieferung zufolge die kleine Marienfigur *Virgen de la Peña* [s. S. 80] in einer Felsspalte über dem Barranco de las Peñitas entdeckt hatte. Über dem vergolde-

Kulinarische Spezialitäten werden im Restaurant der Casa Santa María serviert

Suchbild – mit seiner Umgebung beinah verschmolzen ist der Mirador de Morro Velosa

ten Altar der Kapelle ist das Gewölbe der einstigen Eremitenhöhle zu erkennen. Eine wunderschöne Mudéjardecke überfängt den *Innenraum* des kleinen Gotteshauses. Am älteren gotischen Portal aus Sandstein (s.o.) und am größeren schlichten Renaissanceportal aus dem 17. Jh. an der Ostfassade kann man bereits einen Teil der Kirchengeschichte ablesen.

Besonders hübsch ist die Dachlandschaft des Chorbereichs, die man am besten von der Straße aus betrachten kann. Die gesamte Anlage wirkt in ihrer Beschaulichkeit wie ein Ort, an dem die Zeit stehen geblieben ist: zum längeren und andächtigen Verweilen bestens geeignet!

i Praktische Hinweise

Restaurants

TOP TIPP **Casa Santa María**, neben der Kirche, Betancuria, Tel. 928 87 82 82, www.casasantamaria.net. Restaurant der gehobenen Preisklasse in einem historischen Herrenhaus. Hier werden ausgesuchte kanarische Spezialitäten wie *Conejo en Salmorejo* (gebeiztes Kaninchen) und *Puchero canario*, Eintopf aus verschiedenen Gemüse- und Fleischsorten, der aufgrund seines manchmal recht hohen Fettgehaltes nicht jedermanns Sache ist, serviert (tgl. 11–16 Uhr, Mai geschl.).

Valtarajal, Calle Roberto Roldan 6, Betancuria, Tel. 928 87 80 07. Einfaches Ausflugslokal an der Durchgangsstraße mit *Tapas*-Bar und kanarischen Gerichten auf der Speisekarte (deutsches Wirtsehepaar).

29 Mirador de Morro Velosa

TOP TIPP *Fuerteventuras schönster Aussichtspunkt mit einem naturkundlichen Ausstellungszentrum.*

Aus der Ferne ist nur ein einsames kleines Haus mitten auf dem 645 m hohen **Tegú** zu sehen – das aber von fast jedem Standpunkt im Zentrum Fuerteventuras aus. Kommt man dem berühmten Gipfel über eine Stichstraße auf halber Strecke zwischen Valle de Santa Inés und Betancuria näher, sind vor allem die großen Fensterscheiben des Mirador de Morro Velosa zu erkennen, durch die man weit in die Landschaft blicken kann. Das Ge-

Vom Aussichtspunkt Morro Velosa hat man einen herrlichen Blick auf Valle de Santa Inés

bäude wurde 1997 als Aussichtsrestaurant nach Plänen von César Manrique (1919–1992) im Stil eines kanarischen Herrenhauses errichtet. Kurz vor dem Mirador erhebt sich ein 2008 erbautes Bronzemonument von Emiliano Hernandez zur Erinnerung an die beiden ersten Statthalter auf der Insel: links Guise, rechts Ayose.

Schreitet man durch den Torbogen, kann man über eine breite Treppe hinaufsteigen zur offenen Veranda und dann einen großen Raum mit dunklen Holzböden betreten, dessen verglaste Nordfront ein großartiges Panorama freigibt. Von hier aus blickt man auf Antigua im Osten und im Norden auf Valle de Santa Inés und Llanos de la Concepción, rechts davon erkennt man Casillas del Ángel und links die Westküste und das Meer. Unterhalb, am Scheitelpunkt der Straße liegt ein Parkplatz, zugleich ein guter Ausssichtspunkt. Auf der einen Seite blickt man über den Norden der Insel, auf der anderen Seite über den gebirgigen Süden bis zum höchsten Berg, dem gezackten Jandía (807 m).

i Praktische Hinweise

Café

Mirador de Morro Velosa, eine Cafeteria (Di–Sa 10–18 Uhr) versorgt die Besucher mit Imbissen.

30 Valle de Santa Inés

Schmuckes Bauerndorf zwischen weiten Feldern mit der hübschen Ermita San Bartolomé.

Etwa 5 km nördlich des Mirador erreicht man, die FV-30 abwärts fahrend, Valle de Santa Inés. Der inzwischen herausgeputzte Ort breitet sich im gleichnamigen Tal zwischen fruchtbaren Feldern, Ziegenweiden und einigen Windmühlen aus, von denen eine schön restauriert wurde. Doch der Hauptanziehungspunkt für die meisten Reisenden ist die **Ermita San Bartolomé**, die direkt neben einer Neubausiedlung steht. Einst war sie von großer Bedeutung für die Insel: Hier wurden bis ins 17. Jh. unter den Feudalherren der Region zwei der vier Ratsmitglieder ausgelost, die dann auf der Insel für jeweils ein Jahr das Sagen hatten – die beiden anderen Ratsmitglieder kamen aus Betancuria.

Es wird vermutet, dass bereits im 15. Jh. eine Vorläuferkapelle der Ermita errichtet wurde, in der heutigen Form existiert sie seit dem 17. Jh. Außen ist dies am barocken Aufsatz des kleinen offenen Glockenstuhls zu erkennen, im Inneren an der farbig gefassten Hochaltarwand. Besonders schön ist die Tür des Eingangsportals von 1968, eine kunstvolle Schnitzarbeit von José Melián Martín aus Antigua. Sie zeigt Wappen, Löwen und Greifen, eine Waage, Früchte und florale Motive.

i Praktische Hinweise

Restaurants

Abuelo Alfredo, im Zentrum links der Durchgangsstraße, Valle de Santa Inés, Tel. 928 87 87 64. Große Gasträume mit schön gedeckten Tischen. Geboten wird kanarische Küche mit Fisch- und Fleischgerichten, Spezialität ist *Cabrito en Adobo* (eingelegtes Zicklein). Preisgünstiges Tagesmenü, ansonsten mittelpreisig (tgl. 12–17, Bar 8–24 Uhr).

La Casa del Queso, im Zentrum rechts der Durchgangsstraße, Tel. 928 87 83 49. Bar mit großer Tapas-Auswahl. Mittelpreisig (Mo–Sa bis 23 Uhr, So bis 17 Uhr). Nebenan gibt es einen Mini-Markt.

31 Llanos de la Concepción

Nostalgie pur – zwei alte Windmühlen und ein traditionelles Wasserschöpfrad.

Ruhig und beschaulich wirkt das Dorf Llanos de la Concepción unweit von Santa Inés. Einen schönen Blickfang innerhalb der Siedlung bildet die vorbildlich restaurierte **Windmühle** vom Typ *Molino* [s. S. 71]. Sie gehört zu einem einfachen bäuerlichen Anwesen mit kleinem Dreschplatz. Eine weitere weibliche Mühle, eine *Molina*, steht ganz in der Nähe.

Eine große **Noría** (Wasserschöpfrad) nahe dem Molino zeugt von der Zeit, als man in dieser Region viel Wasser für die Bewirtschaftung des Ackerlands benötigte. Dafür baute man kleine Lehmmauern um die Felder und überflutete diese vor und nach der Aussaat mehrere Male. Tatsächlich wurde in diesem Teil der Insel während des 19. Jh. relativ intensiv **Weinbau** betrieben, was sich allerdings bald als zu aufwendig und wenig rentabel erwies. Daher verließen viele Bauern in der Folgezeit das Dorf und suchten andernorts ihr Auskommen. Heute arbeiten die meisten Einwohner in den Touristenorten an der Küste, daher sieht man hier tagsüber meist nur ältere Frauen und Männer. Abends und am Wochenende kehrt dann wieder etwas mehr Leben ein. Besonders fröhlich geht es in Llanos de la Conceppción allerdings um den 21. Januar: dann wird in dem Dorf tagelang das Patronatsfest mit allem, was zu einer guten Fiesta gehört, gefeiert.

Wer der Windmühlenroute durch das Inselinnere folgt, wird auch dieses fotogene Exemplar bei Llanos de la Concepción bewundern können

Das Malpaís – Lavaschollenlandschaft und aufstrebende Küstenorte

Malpaís Chico und *Malpaís Grande* – in der nüchternen Betrachtungsweise der Inselbewohner bedeutet das nichts anderes als ›kleines bzw. großes schlechtes, unfruchtbares Land‹. Es erstreckt sich östlich der Linie Antigua–Tuineje und bis hin zur kaum erschlossenen **Ostküste**. Nur wenige Straßen durchqueren das Lavaschollengebiet, und direkt an die Küste führen gerade einmal zwei Wege: einer nach **Pozo Negro**, einem winzigen Fischerort, in dessen Hinterland äußerst interessante Fundstätten aus der Guanchenzeit entdeckt wurden, und ein anderer zum aufstrebenden Hafenort **Gran Tarajal**. In direkter Nachbarschaft liegt die malerische Feriensiedlung **Las Playitas**, in der romantisch veranlagte Naturen auf ihre Kosten kommen. Eine besonders bei Familien beliebte Attraktion ist der Oasis Park in **La Lajita** mit Botanischem Garten, Zoo und Kamelsafari. Parallel zur Küste schlängelt sich die Straße von **Tarajalejo** in weichen Kurven abwärts nach **La Pared**, der ›Taille‹ der Insel, zwischen dem Norden Fuerteventuras und der Halbinsel Jandía im Süden. Diese besteht nur aus Sand und Bergen und ist ein idealer Platz für Feriensiedlungen wie Costa Calma und Jandía Playa.

32 Pozo Negro

Schwarzer Kiesstrand, weiße Fischerhäuschen und einladende Fischrestaurants.

Von Puerto del Rosario – bzw. aus dem Norden über die FV-2 – fährt man vorbei am Flughafen, an Caleta de Fustes und Las Salinas gen Süden. Bereits bei Las Salinas biegt dann die Straße ins Inselinnere ab, denn das *Malpaís* südlich davon ist allzu unwirtlich. Man schlägt also zunächst einen Bogen nach Westen und dann wieder nach Süden, um den *Agudo* (494 m) an seiner südlichen Flanke zu umfahren. Auf der FV-420 gelangt man nach 30 km wieder ans Meer und nach Pozo Negro. Hier geht das ›unwirtliche Land‹ des Lavastroms in dunklen **Kiesstrand** über, den an Wochenenden und in der Sommersaison zahlreiche Badegäste bevölkern. Die Woche über ist er jedoch ein schönes Plätzchen für romantische Naturen und für Feinschmecker, die in den zwei Restaurants *Los Caracoles* und *Los Pescadores* [s. S. 92] Fischspezialitäten genießen möchten.

In Pozo Negro mit seinem dunklen Strand scheint die Zeit stehen geblieben zu sein

Vor dem langen und recht breiten Strand sind um diese beiden Restaurants mehrere Häuschen gruppiert. Hier spielt sich der Hauptteil des Strandlebens ab, bei stark aufkommendem Wind findet man aber auch in den winzigen Gasträumen der einfachen, aber einladenden Lokale Zuflucht.

Wer auf den Spuren der Ureinwohner Fuerteventuras, der Majos, wandeln will, kann das von hier aus recht bequem tun. Entweder man geht zu Fuß durch den *Barranco del Pozo Negro*, ein mit Lavabrocken übersätes breites Tal, vom südlichen Ortsrand direkt nach Westen, oder man nimmt die Straße. Nach etwa 2,5 km führt links eine Piste in das Lavaschollengebiet des Malpaís, ein Stück unwirtliches, schwarzes Land, das unter Naturschutz steht und wegen der prähistorischen Fundstätten auch als historisches Denkmal ausgewiesen ist. Außerhalb, am Rand des Lavafeldes, hat das Cabildo Insular mit dem **Freilichtmuseum** ein etwas unter der Erdoberfläche liegendes Informationszentrum eingerichtet. Fotos und Texte zu Fauna, Flora und Geschichte der Urkanarier sind auch bei verschlossener Tür von außen durch das verglaste Halbrund gut zu sehen. Die Ausgrabungsstätte selbst ist äußerst sehenswert und bequem zu erreichen. Sie ist nach dem turmartigen Vulkankegel *Loma de Atalayita*, unter dem sich die Guanchen-Siedlung versteckt, benannt und heißt **La Atalayita** (Di–Sa 10–18 Uhr), das Türmchen. Die kreisrund aufgeschichteten Lavasteine gleich rechts am Anfang der Siedlung (*Poblado*) dienten vermutlich einst als Ziegenpferch, und links davon steht ein Wohnkomplex, den

Inmitten der Lavaschollenlandschaft liegt die altkanarische Siedlung La Atalayita

TOP TIPP

On the road – der Weg nach Pozo Negro führt an steiler Felskulisse vorbei

man originalgetreu wieder aufgebaut hat. Für die Mitglieder einer größeren Sippe wurden mehrere Häuser um eine Art Hof gruppiert. Die Eingänge waren auf den Platz ausgerichtet, wo man sich vermutlich zu gemeinsamer Arbeit und zum Essen traf. Man kann gut erkennen, wie geschickt die Ureinwohner den harten Lavafels des unwirtlichen Landes nutzten, wie sie es verstanden, die losen Steine ohne Mörtel aufzuschichten, und zwar sowohl für die Mäuerchen der Pferche als auch für den komplexeren Hausbau. Ebenso nutzten sie natürliche Lavagrotten, die häufig mit einem Vorbau ausgestattet wurden, als Wohn- oder Lagerräume. Vor den Häusergruppen liegen die *Concheras*, große Haufen mit Schalen von Muscheln und Napfschnecken, deren Fleisch damals zu den wichtigsten Nahrungsmitteln zählte. Aus den Schalen wiederum wurden u. a. einfache Werkzeuge gefertigt.

i Praktische Hinweise

Restaurants

Einfache Kneipen bieten den meist einheimischen Gästen frischen Fisch, Meeresfrüchte und Paella. Untere bis mittlere Preisklasse.

Los Caracoles, Pozo Negro, Tel. 928 17 46 17. Familiäres Fischlokal mit Tischen auch auf der geschützten kleinen Terrasse (tgl. 12–22 Uhr).

Los Pescadores, Pozo Negro, Tel. 928 17 46 53. In dem Bar-Restaurant mit kleiner Terrasse werden Fischspezialitäten serviert (tgl. 10–22 Uhr).

Ausgesprochen fotogen wirken die leuchtend weißen Häuser des Fischerortes Las Playitas

33 Las Playitas

Hübscher Ort mit großer Feriensiedlung und ein bizarrer Leuchtturm nahebei.

Westlich von Pozo Negro führt die FV-2 durch das Malpaís Grande nach Südwesten in Richtung Gran Tarajal. Bis zu dem Fischerort Las Playitas sind es ab der Kreuzung mit der FV-420 nur 20 km. Man biegt kurz vor Gran Tarajal auf die FV-512 nach Osten ab und nach weiteren 4 km kommt eine lang gezogene Bucht in Sicht, die dunkelsandige **Cala de las Playas**, an der Las Playitas liegt. In der Umgebung befinden sich einige kleine Bauernhäuser verstreut inmitten der bebauten Felder. Hier wird noch etwas Landwirtschaft betrieben, das Wasser dafür kommt aus der Kläranlage von Gran Tarajal – einer feinen Nase entgeht dies bei bestimmten Wetterverhältnissen nicht. Auf den Feldern werden Tomaten und Wassermelonen angebaut und sogar ein Treibhaus für Bananen lässt sich ausmachen – eine Seltenheit auf der Insel.

Ehe Las Playitas selbst in Sicht kommt, gewahrt man die bis zum Sandstrand reichende Anlage **Playitas Grand Resort** mit zwei Hotels, mehreren Bars und Restaurants sowie einem Kinderclub. Zudem locken hier attraktive Sportangebote wie ein 18-Loch-Golfplatz sowie Surf- und Tauchschulen. Am östlichen Ende der Cala de las Playas drängt sich das alte, im Kern noch gemütlich wirkende Las Playitas an einen Felshang.

In dem einstigen Fischerort haben sich reiche Familien aus Gran Canaria alte **Fischerhäuser** gekauft und sie restauriert. Reizvoll liegen diese hellen Kastenhäuschen am Hang des stimmungsvollen Ortes. Eine kurze, gepflasterte Mole führt zu den Klippen hinauf. Sie nennt sich zu Recht *Avenida Miramar*, Allee Meerblick. Schatten spenden hier ein paar Palmen und alte Gummibäume mit ihren fleischigen, glänzenden Blättern. Die ein- und zweistöckigen weißen Gebäude im östlichen Teil des Ortes mit ihren blauen oder grünen Fenster- und Türrahmen liegen in üppig blühenden Gärten; besonders prächtig gedeiht die Bougainvillea.

Doch so hübsch Las Playitas lange war, aufgrund der benachbarten Feriensiedlung ist es auch hier mit der Idylle vorbei. Die Ruhe suchenden Großstädter finden keinen Platz mehr an der Playa, die vorher nur ihnen gehörte und in den wenigen

Restaurants des Ortes ist heutzutage häufig kein Tisch mehr zu bekommen.

Nach weiteren 7 km Fahrt auf einem schmalen Asphaltband erreicht man den ungewöhnlich gestalteten **Faro Punta de la Entallada**, der auf einem 185 m hohen Felsen über dem Meer steht. Schon auf halber Strecke taucht der Leuchtturm am Horizont auf und von Weitem wirkt er noch recht harmonisch. Doch je näher man kommt, desto klarer ist zu erkennen, dass seine Architektur anders ist: nicht etwa maurisch oder im einheimischen Stil gehalten, vielmehr wurden hier schwarze Basaltsteine als beherrschende Dekorationselemente in den weißen Putz eingelassen und die Gebäudekanten aus rotem Vulkangestein gemauert. Die Anlage besteht aus fünf Baukörpern, der eigentliche Leuchtturm in der Mitte ist aber erstaunlich niedrig – das kann er sich leisten, weil er bereits an erhöhter Stelle steht. Die große, verglaste Laterne auf seiner Spitze passt weder stilistisch noch in ihren Proportionen zum Rest des Gebäudes, doch dies mag dem Zeitgeschmack um 1920 für einen ›schönen‹, funktionellen Bau entsprochen haben. Auf jeden Fall aber bietet sich von hier oben ein großartiger Blick auf das Meer und die vulkanische, in vielen Schwarz- und Brauntönen changierende Küstenlinie.

i Praktische Hinweise

Sport

Cat Company, Las Playitas Grand Resort, Tel. 616 61 93 13, www.catamaran-segeln.de. Katamaran-Segeln, Kayak und Windsurfen.

Playitas Golf, Las Playitas, Tel. 928 86 04 00, www.playitas.info/de/golf. 18-Loch-Platz in hügeliger Landschaft.

Hotel

******Playitas Hotel**, Playitas Grand Resort, Urb. Las Playitas, Tel. 928 86 04 00, www.playitas.info/de. Weitläufige Anlage mit geschmackvollen Zimmern, großem Swimmingpool und allem Komfort.

Restaurants

Las Playas, Avenida Miramar s/n, an den Klippen im Westen, die Las Playitas vom großen Strand trennen, Tel. 928 87 03 67. Über der geschlossenen Terrasse liegt ein weiteres kleines, einfaches Restaurant. Frischer Fisch und gute Tapas-Auswahl (Mi geschl.).

La Rampa, Calle San Pedro s/n, etwa in der Mitte der Strandstraße, Las Playitas, Tel. 928 87 06 79. Hier isst man frischen Fisch und Meeresfrüchte, Spezialitäten sind *Caldo de Pescado* (Fischeintopf), auch Fleischgerichte. Beliebtestes Gericht ist die *Vieja*, Papageifisch auf einer Eisenplatte gebraten (*a la plancha*). Mittelpreisig (Di geschl.).

Originelle Gestalt – dieser Komplex an der Punta de la Entallada dient als Leuchtturm

Der ganze Stolz von Gran Tarajal ist die großzügig angelegte Meerespromenade

34 Gran Tarajal

Gut versteckt im größten Palmenhain der Insel liegt ein wichtiges Zentrum für die südliche Region.

Ein riesiger Palmenhain, dazwischen Windräder, die Wasser auf die Felder pumpen, begleiten die Stichstraße nach Gran Tarajal, die in einer Palmenallee endet. Im Jahr 1860 wurde dieser Hafen ausgebaut, damals entstanden auch die ersten festen Wohnhäuser. Seit 1927 werden um den Ort in großem Stil Tomaten angepflanzt, später errichtete man auch Treibhäuser, in denen die roten Früchte windgeschützt reifen und daher früher geerntet werden konnten. Das hier und in anderen Bereichen der Insel angebaute Gemüse wurde im Hafen in solchen Mengen für den Export verladen, dass dieser kontinuierlich erweitert werden musste. Und rundherum entstand die heutige Stadt mit etwa 7450 Einwohnern. Die Verschiffung der Tomaten aber wird längst in der Hauptstadt abgewickelt.

Für die Bewohner der umliegenden Ortschaften ist Gran Tarajal jedenfalls ein wichtiges Zentrum, denn hier können sie alle Arten von Besorgungen machen, sich einkleiden und neu einrichten. In Gran Tarajal gibt es ungewöhnlich viele Bäckereien und Konditoreien, aus denen vor allem morgens ein unwiderstehlicher Duft durch die Straßen und Gassen zieht.

Die größte Bedeutung hat Gran Tarajal als *Behörden- und Dienstleistungszentrum* für den Süden der Insel, eine Rolle, die das Städtchen zum Teil von Pájara und Tuineje im Landesinneren übernommen hat.

Vor allem an der breiten **Strandpromenade** oberhalb der schmalen, dunkelsandigen, auch für Kinder zum Baden geeigneten *Playa de Gran Tarajal* kann man gut ablesen, dass sich der Ort zu einem recht wohlhabenden Gemeinwesen gemausert hat. An der Promenade wurden ein paar Bar-Restaurants eröffnet. Auch die hübsche *Avenida Paco Hierro* mit gepflegten Fassaden, breiten Fußgängerwegen und im Freien stehenden Tischen und Stühlen verleitet zu einem Bummel entlang der Küste. Ganz im Westen liegt der eher nüchterne **Hafen**, an dessen breiter Mole Sportboote ankern.

Versteckt unter hohen Bäumen steht im Zentrum Gran Tarajals die unscheinbar wirkende Pfarrkirche **San Diego de Alcalá** aus dem Jahr 1900, eine Stiftung von *Matías López*, dem Stadtgründer von Gran Tarajal. Dieser war auf Kuba zu Wohlstand gekommen und im Alter auf seine Heimatinsel zurückgekehrt. Außer während der Messen ist die Kirche meist geschlossen und bietet im Inneren auch keine bedeutenden Sehenswürdigkeiten. Einladender ist da schon der kleine **Park** mit seinen hohen Tamarisken, Indischen Lorbeerbäumen und Palmen gleich nebenan. Der originelle *Seepferd-*

chen-Springbrunnen allerdings scheint für den kleinen Platz zu groß geraten und gibt angesichts der Wasserknappheit auf der Insel zu denken.

An die ›Gründerzeit‹ der Stadt erinnern einige der inzwischen zum größten Teil restaurierten Häuser mit schmiedeeisernen Balkonen, etwa an der Hauptgeschäftsstraße, der **Calle Matías López**, die parallel zur Strandpromenade verläuft.

Etwa 5 km Luftlinie westlich von Gran Tarajal, an der benachbarten Bucht, breitet sich eine von Österreichern errichtete Feriensiedlung aus, deren weiß gekalkte Häuschen weithin leuchten: **Giniginámar**. Sie ist jedoch aufgrund zweier *Barrancos* nur auf Umwegen über die Landstraße zu erreichen. Ihre Lage an dem einstmals von Windmühlen gesäumten *Barranco de Giniginámar* macht sie vor allem bei den Einheimischen beliebt. Am Wochenende pilgern Scharen von ihnen hierher und schlagen am steinigen Strand ihre bunten Lager mit Holzkohlengrill auf.

i Praktische Hinweise

Einkaufen

Quesería Maxorata, bei Km 40 der FV-20 Gran Tarajal–Tuineje gelegen, www.maxorata.es. Die beste Einkaufsadresse für echten Fuerteventura-Käse aller Reifegrade. Auf Wunsch wird der Käse – auch als Geschenk – für den Flug luftdicht verpackt (tgl. 9–16 Uhr).

Unterkunft

*__Hostal Tamonante__, Calle Juan Carlos I 17, Gran Tarajal, Tel. 928 16 24 72, www.hostaltamonante.com. Einfache Pension im Ortszentrum.

Den echten Fuerteventura-Ziegenkäse gibt es in der Quesería Maxorata bei Gran Tarajal

Restaurants

Cafeteria Miramar, Gran Tarajal, Tel. 928 87 03 01. Auf der *Plaza* am Scheitelpunkt der Bucht unter Indischen Lorbeerbäumen gelegene Bar, in der man sich Sandwiches, Tapas und echt kanarische Spezialitäten wie Zicklein schmecken lassen kann. Mit Ausnahme des Weines preiswert (Do–Di 8.30–24 Uhr).

Cofradía de Pescadores, am Fischerhafen, Tel. 928 16 20 74. Im Lokal der Fischereivereinigung gibt es, wie könnte es anders sein, Fischgerichte frisch auf den Teller (Di geschl.).

Don Carlos, Avenida Las Palmas 2, Giniginámar, Tel. 928 87 01 22. Aus dieser Küche kommt eine wunderbare Mischung aus österreichischen und spanischen Rezepten.

El Balandro, Avenida Paco Hierro 9, Tel. 928 16 23 59. Hier bekommt man den ganzen Tag über etwas zu essen, vornehmlich recht unverfälschte kanarische Küche (Di geschl.).

Olas del Sur, Calle del Carmen 5, Ginjinamar, Tel. 928 34 49 73. Hübsches kleines Bar-Restaurant, das fast nur aus einer Terrasse direkt am Kiesstrand besteht. Stets fangfrischer Fisch, aber auch Zicklein sowie Tapas/*Media Raciones*. Mittelpreisig (Mi–Mo 12–2 Uhr).

35 Tarajalejo

Kleines Fischerdorf mit großzügiger moderner Ferienanlage.

Eine mehrreihige Palmenallee führt von der Landstraße aus in den im Kern recht ursprünglichen Fischerort, der erst im 20. Jh. stärkeren Zuzug aus anderen Teilen der Insel erhielt. Dies hängt größtenteils mit den Arbeitsmöglichkeiten auf der touristisch erschlossenen Halbinsel Jandía zusammen. Die Boote am schmalen, dunklen Steinstrand gehören den meist älteren Fischern, die ihren Fang an die hiesigen Restaurants verkaufen.

Im Hinterland wurde einst intensiv Landwirtschaft betrieben, wie einige Überreste von Windrädern für die künstliche Bewässerung entlang des etwa 10 km nördlich beginnenden *Barranco* bezeugen. Mit dem Clubhotel **Tofio** hat auch in dem bis dahin relativ preiswerten Ort der Tourismus Einzug gehalten. Das alt gediente Haus wurde durch das moderne Bahia Playa (s. u.) erweitert.

Kleines Kirchlein im schmucken Gewand – die Ermita de la Inmaculada in La Lajita

Praktische Hinweise

Hotel

******R2 Bahía Playa,** Carretera Tarajalejo s/n, Tarajalejo, Tel. 928 54 60 54, www.r2hotels.com. Vor dem Hotel Tofio wurde das stilvoll designte Resort Bahía Playa errichtet, modernes Design mit viel Holz, Glas, Schiefer und Edelstahl. Komfortable Zimmer, Restaurant, drei Pools, Fitnessraum, Beauty-Salon, Miniclub, Tennis.

Restaurants

El Brasero, an der Straße nach Gran Tarajal, Tarajalejo, Tel. 928 16 11 82. Ausflugslokal mit Grill, Pool und kleinem Aquarium, Reitstall und Campingplatz (Mo geschl.).

Adeyu, Isido Díaz 3, Tarajalejo, Tel. 928 16 10 85, tgl. 8–24 Uhr. Beliebtes Lokal mit großer Terrasse, günstigen Tapas und freundlichem Service.

36 La Lajita

Tropischer Garten mit Tierpark und Kamelfarm.

4 km westlich von Tarajalejo liegt La Lajita, das auf den ersten Blick nur aus einem wunderbar üppigen Palmenhain zu bestehen scheint. Dennoch leben in diesem Ort, der am Meer eine recht dichte Bebauung mit zwei- bis dreistöckigen **Fischerhäusern** aufweist, mehr als 1750 Menschen. Die kleine Apartmentsiedlung am Rand von La Lajita sieht zwar eher nach einer Ferienanlage aus, doch hier wohnen zum größten Teil gut betuchte Einheimische, die an der nahen Costa Calma Arbeit in der Tourismusbranche gefunden haben.

Nahe dem schwarzen Kieselstrand der etwa 1 km langen, durch zwei Felsnadeln geteilten Bucht steht die kleine, erst in den 1980er-Jahren erbaute **Ermita de la Inmaculada**. Aufgrund der vielen Fenster ist ihr Innenraum lichtdurchflutet und stimmungsvoll, er kann allerdings keine kunsthistorischen Kostbarkeiten aufweisen. Außerdem gibt es im Ort einen *Terre-*

Zu den Attraktionen des Zoos im Oasis Park von La Lajita zählen die bunten Papageien

Es grünt so grün – diese beeindruckenden Kakteengewächse gibt es u.a. im Oasis Park

ro für die beliebte *Lucha Canaria*, denn die Bewohner legen offenbar Wert auf Traditionen. Die üppige Begrünung des öffentlichen Raums – insbesondere durch Initiative des Oasis Parks zu Wege gebracht – deutet darauf hin, dass La Lajita auf weiteres Wachstum vorbereitet wird. Tatsächlich entstand in Bergnähe schon die Urbanisation *Cañada del Río*. Die Küste besteht in dieser Region zum Großteil aus schwarzgrauen, niedrigen Felsklippen. Ab und zu öffnen sich kleine Buchten mit schwarzen Lavaständen, die sich vor allem bei den Einheimischen großer Beliebtheit erfreuen.

Das touristische Highlight des Ortes ist zweifellos der **Oasis Park** (Tel. 902 40 04 34, www.fuerteventuraoasispark.com, tgl. 9.30–18 Uhr, hohe Preise) mit Botanischem Garten, Zoo und Kamelsafari. Rund 250 Dromedare werden hier gehalten und gezüchtet, schließlich ist man darauf bedacht, diese auf der Insel beheimatete Tierart zu schützen. Der tropische *Botanische Garten* mit Zoo breitet sich auf einem etwa 780 000 m² großen, oasenartigen Areal aus und beherbergt außer den einhöckerigen Kamelen auch an die 250 Vogelarten, Affen und Krokodile sowie tropische und andere exotische Pflanzen. In der Nähe der Cafeteria sind auf 20 000 m² u. a. Kakteen, Sukkulenten sowie Wolfsmilchgewächse gesetzt. Einige der Pflanzen kann man auch käuflich erwerben. Die ausgedehnte Anlage hat eine bezaubernde Atmosphäre, die etwas von einer ›Arche Noah‹ an sich hat. Das üppige Grün verdankt der Park sei-

Die Küste bei La Pared bietet grandiose Ausblicke auf bizarre Felsformationen

nen Süßwasserquellen, einer wasserführenden *Galeria* (in den Bergen versickertes und in einer Vulkankammer gespeichertes Wasser, das über Leitungen zu Tal geleitet wird) und unterirdischen Wasseradern. Hinzu kommt im Garten selbst ein ausgeklügeltes Bewässerungssystem mitsamt Tropfbewässerungs- und Wasserwiederaufbereitungsanlage.

i Praktische Hinweise

Restaurants

Ramón, La Lajita, Tel. 928 87 21 26. An die Kirche angebautes Lokal mit Bartheke und Terrasse zum Strand. Mit Ausnahme von Fisch preiswerte einheimische Gerichte wie *Caldo de Papas* (Kartoffelsuppe) oder *Papas Arrugadas* (Runzelkartoffeln) mit scharfem *Mojo* und Käse (Di–So 13–16.30 und 18–21.30 Uhr).

Sotavento, La Lajita, Tel. 680 28 53 24. Beliebtes Lokal an der Bergseite der Dorfstraße. Spezialitäten: gebratene Muräne, Ziegenfleisch, *Queso Majorero* (Ziegenkäse-Spezialität) und *Lapas* (Napfschnecken). Relativ preiswert (11–24 Uhr).

37 La Pared

Kleine Feriensiedlung unweit einer traumschönen Bucht.

5 km westlich von La Lajita führt die gut ausgebaute, panoramareiche FV-605 nach Nordwesten bis La Pared (und weiter nach Pájara, 26,5 km). Schon an der Kreuzung mit der FV-2 beginnt die Straße leicht anzusteigen und führt bald darauf in die Berge.

Eine Legende besagt, dass zur Zeit der Ureinwohner eine **Mauer** (*Pared*/Wand) den größeren Nordteil der Insel, Maxorata genannt, von der kleineren Halbinsel Jandía trennte. Dieser Steinwall soll die Grenze zwischen den beiden damals bestehenden Reichen befestigt haben. Tatsächlich hat man in der Region alte Mauerreste gefunden, doch ob sie zu dem Limes gehörten oder nur als Feldbegrenzungen dienten, ist bislang nicht geklärt. Erschwert werden die archäologischen Forschungen dadurch, dass der mutmaßliche Wall in den Zeiten, als sich noch niemand um die Inselgeschichte kümmerte, als Steinbruch diente. Auf alten Fotos sieht man noch weitaus mehr von

dem rätselhaften Bauwerk an der ›Wespentaille‹ Fuerteventuras.

Heute gehört der Name La Pared zu einer kleinen **Feriensiedlung** mit Hotels und Reihenbungalows im Westen der Landenge. Ein schönes Ausflugsziel an Wochenenden und während der Sommerferien ist das gemütliche Restaurant *Bahía La Pared* in reizvoller Lage über der nahen Bucht.

Der natürliche Schatz des Ortes liegt nördlich unterhalb der Feriensiedlung: Die **Bahía La Pared** mit ihren zwei kleinen Kiesstränden ist nicht nur wegen der garantiert hohen Wellen für *Bodysurfer* interessant, hier schlagen auch die Herzen romantischer Naturen höher, denn sie können von der Bucht aus einen der häufig überaus prächtigen Sonnenuntergänge gut beobachten.

Eine willkommene Dreingabe an landschaftlichem Reiz bieten die bizarren Felsformationen dieses Küstenabschnitts. Es ist ein raues, wildes Gestade, und bei Flut verschwindet der schöne dunkle Strand völlig in der tosenden Gischt. Bei Ebbe erkennt man hingegen, dass die gigantischen ›Kieselsteine‹, die den oberen Rand der Küste markieren, in allen erdenklichen Farben schimmern: Sie sind weiß und sandfarben, grün, grau und schwarz, je nachdem, aus welcher geologischen Zeit und Formation sie stammen. Sie alle wurden von den Felsen abgesprengt und im Laufe der Erdgeschichte von den Atlantikwellen glatt geschliffen. Auch die näher am Wasser liegenden Felsplatten schimmern in verschiedenen Farbtönen. Kleine Kieselsteine haben sich auf ihnen so lange unter Druck im Kreis gedreht, bis Kuhlen entstanden – ähnlich jenen, die man von den Gletschermühlen in den Alpen her kennt.

Nach links, also gen Süden, kann man von der Bucht aus über eine zweite lang gestreckte Sandbucht, die **Playa del Viejo Rey**, bis nach Barlovento an der Nordwestküste der Halbinsel Jandía blicken und weiter über das gezackte Bergprofil bis zu ihrer äußersten Westspitze. In Richtung Norden sieht man ein großes **Felsentor**. Grandios sind hier Form- und Farbstruktur der Felsen, die die Bucht rahmen, denn über den fast schwarzen Steilwänden liegen hellere Sedimentschichten.

i Praktische Hinweise

Sport

Waveguru, Avenida del Ismo 17, La Pared, Tel. 928 54 91 22, www.waveguru.de. Ausbildung in Wellenreiten für Kids, Einsteiger und Fortgeschrittene von erfahrenen Lehrern, Unterkunft im Camp oder in Apartments direkt am Meer, Verleih hochwertiger ›Bretter‹.

Restaurant

Bahía La Pared, am Rand von La Pared, Tel. 928 54 90 30. Oberhalb der malerischen Küste und Bucht gelegenes rustikales Restaurant mit Steingarten und Pool mit riesiger Rutsche; spanisch-kanarische Spezialitäten. Mittlere Preislage (tgl. 12–22 Uhr).

Keep Surfing – an der Bahía La Pared lässt es sich gut wellenreiten

Sanft gerundet und glatt geschliffen – von besonderem Reiz ist der Anblick der Vulkanberge bei La Pared, die durch Wind und Wetter geformt wurden

Die Hochstraße von La Pared nach Pájara

Urlauber, die ihre Unterkünfte im Süden, beispielsweise im Urlaubszentrum Jandía Playa haben, brauchen bis La Pared maximal eine Stunde. Also bleibt genug Zeit, um die Hochstraße nach Norden bis Pájara in Ruhe zu befahren. Man kann die Route aber auch abkürzen, indem man nördlich von La Pared auf die Straße Richtung Cardón abbiegt und so eine Rundstrecke über Tarajalejo fährt. Ganz gleich, ob man die längere oder die kürzere Strecke wählt, die FV-617 ist eine der schönsten **Panoramarouten** der Insel. Hier wird die Landschaft lieblicher, denn die Vulkankegel sind in Jahrmillionen vom Wind und vom Sand rund geschliffen worden.

Die Landschaftsszenerie ist abwechslungsreich, im Westen tost der Atlantik, im Osten erhebt sich die Bergwelt der Insel. Der ›König‹ dieser Region, der **Cardón** (691 m), ist mit Wolfsmilchgewächsen (Euphorbien) bedeckt. Zu ihnen zählt auch die kakteenähnliche **Kanaren-Wolfsmilch**, die von den Einheimischen Cardón genannt wird und somit Namensgeberin für den Berg und das östlich von ihm gelegene Bauerndorf ist. Um dieses Fleckchen ursprünglicher Vegetation zu erhalten, wurde das Gebiet als **Monumento Natural de Montaña Cardón** unter Naturschutz gestellt.

Eine weitere Oase im ansonsten trockenen Berggebiet liegt an der nach Pájara führenden FV-617 in der Nähe des Weilers **Cortijo de Chilegua**. Dort, wo die Straße einen Barranco überquert, gelangt man zu einem Palmenhain. Im Winter, nach einem Regenschauer, färbt sich das Land rund um die Palmen tiefrot: Dann blüht hier die **Kristall-Mittagsblume**. Sie heißt auch Sodapflanze, da man in früheren Zeiten aus ihrer Asche Soda gewann, ein wichtiges Exportgut der Insel bis ins 19. Jh. hinein.

Auch hier ist der Cardón noch im Blickfeld, und erst etwa 15 km hinter La Pared zweigt die FV-618 nach Osten ab, führt ins Dorf **Cardón** und weiter über die Siedlung Tamaretilla nach **Tarajalejo** (ca. 18 km).

Wer stattdessen den großen Bogen schlägt, also die Strecke über Pájara nimmt, kommt noch an weiteren grandiosen Aussichtspunkten vorbei und durchquert dann kurz vor Pájara das Tal der Tomatenbauern, erkennbar an einigen alten Bauernhäusern und plastikplanenüberzogenen Treibhäusern.

Die große Rundtour von der Engstelle der Insel aus, dem **Istmo de la Pared**, über Pájara, Tuineje und Tarajalejo zurück nach Pared beträgt rund 75 km, die kleine Runde über Cardón knapp 50 km.

Der Süden – Dünen und Urlaubsstrände

Die Halbinsel Jandía ist das Paradies schlechthin für Badefreunde und Sonnenanbeter, einzigartig sind ihre endlos langen, goldgelben **Sandstrände**, die im Osten mit teils hohen **Dünen** aufwarten, im Westen einsam sind und tief ins Land hineinreichen. Die **Ostküste**, die fast überall sanft zum Meer hin abfällt, ist der richtige Platz für Familien mit Kindern. Doch auch **sportlich** ambitionierte Urlauber kommen hier wunderbar auf ihre Kosten. So finden Taucher eine abwechslungsreiche Unterwasserwelt vor, während die ständig wehende Brise die Herzen von Surfern und Seglern höher schlagen lässt. Wellenreiter finden ihren Spaß in der hohen Brandung vor der **Westküste**. Und wer wandern möchte, dem steht die schöne Bergwelt dieser Region zur Verfügung. Hotels und Apartmentanlagen aller Standards – vorwiegend leider recht fantasielos hochgezogen – säumen die Strände oder liegen zumindest in unmittelbarer Nähe. Auch wer in die **geologischen** Geheimnisse Fuerteventuras eintauchen möchte, hat dazu gleich hinter der Landenge von La Pared die Gelegenheit, in der interessanten Wüstenregion von **El Jable** mit ihren versteinerten Erdwespennestern und Meeresschnecken.

38 El Jable

TOP TIPP *Die Sandwüste – ein einzigartiges, unvergessliches Naturerlebnis.*

Südlich des *Istmo de la Pared*, der knapp 5 km schmalen ›Wespentaille‹ der Insel, kann man im El Jable (nicht zu verwechseln mit dem gleichnamigen nördlichen Jable de Corralejo, s. S. 21) bei einer **Wanderung** die Einsamkeit der Sandwüste atmen und tiefer in die Geheimnisse ihrer Entstehung, Natur und Pflanzenwelt eindringen. Dafür allerdings braucht man unbedingt festes Schuhwerk, eine Kopfbedeckung und genügend Trinkwasser. Denn unterwegs ist eben nichts als Wüste …

Nicht allzu weit entfernt von der Kreuzung der FV-2 mit der von La Pared bzw. Pájara kommenden FV-617, bei km 69, sieht man südwestlich der Costa Calma – gegenüber der Playa Barca mit dem Hotel *Meliá Gorriones* – rechts der Straße eine kleine, meist sandbedeckte Parkbucht, wo das Auto abgestellt werden

Bei einer Wanderung durch die Sandwüste El Jable genießt man einen tollen Meerblick

kann. Gleich hinter dem Zaun beginnt die Wüste, die heute als Naturpark geschützt ist. Außerdem liegt hier ein großer Windpark, auf den schon von Weitem das Summen der großen Rotoren aufmerksam macht. Hinter dem stets offenen Durchgang im Zaun beginnt eine breite, gut erkennbare **Sandpiste**, die in Richtung Westküste führt. Befahren werden darf sie nur von den Wächtern des Naturparks, Wanderer hingegen können das Gebiet in aller Ruhe erkunden.

Weithin sichtbare Landmarke des El Jable ist der sanft gerundete **Granillo** (123 m). Obgleich er vom Weg aus zum Greifen nahe scheint, sind es doch noch rund 3 km, bis man den Hügel tatsächlich erreicht hat. Er liegt seitlich der etwas festeren Piste, und wer nun über den lockeren Sand hinaufklettert, sollte nicht nur die grandiose Aussicht von oben im Visier haben, sondern auch der interessanten **Wüstenvegetation** Aufmerksamkeit schenken. Es ist erstaunlich, wie viele Büsche und Blumen – speziell Sukkulenten – hier sprießen, auch wenn sie meist winzig, geduckt und windzerzaust sind, so z. B. der Strauch-Dornlattich mit sternförmigen, gelben Blüten und die Jochblattgewächse mit kleinen, wasserspeichernden Knöllchen. Und um die winzigen, blassvioletten Blüten des Europäischen Meersenfs zu entdecken, benötigt man fast eine Lupe. Bemerkenswert ist vor allem, wie schnell viele dieser völlig ausgetrocknet wirkenden Pflanzen nach einem kurzen Regenguss wieder ›voll im Saft stehen‹.

Erdwespennester im El Jable legen Zeugnis davon ab, dass die Insel einst bewaldet war

Wer sich unterwegs den Pistenrand genauer ansieht, der wird dort bestimmt die **versteinerten Erdnester** wespenähn-

licher Insekten entdecken, die sandfarbenen Datteln ähneln. Millionenfach werden sie vom Wind und von feinen Sandkörnern aus den verfestigten Sandwänden herausgelöst. Manche dieser Exemplare zerfallen sofort, wenn man sie in die Hand nimmt, andere entpuppen sich als stabile Versteinerungen.

Die Nester dieser Insekten, die ihre Brut in den Boden legten, sind der Beweis dafür, dass Ebenen und Täler Fuerteventuras einst grünten und blühten. Denn die wespenartigen Tiere benutzten Erde, um ihre Eiablagen zu bauen. Man geht davon aus, dass noch vor einigen tausend Jahren, ja selbst noch zur Zeit der Eroberung durch die Spanier Anfang des 15. Jh., weite Teile der Insel mit fruchtbarer Erde bedeckt waren, auf der Bäume, Büsche, Gras und Blumen wuchsen. Erst mit der Abholzung der Wälder und der Überweidung durch Ziegenherden fand der Boden keinen Halt mehr, winterliche Regengüsse und der starke Wind verwehten die Krume, sodass, abgesehen von einigen Stellen in windgeschützten Tälern, der nackte Fels zu Tage trat. Darum hatten auch die Insekten keine Möglichkeit mehr, sich hier Nester zu bauen und sind deshalb mittlerweile von der Insel verschwunden.

Oben auf dem Granillo angekommen, kann man das Panorama genießen. Im Nordosten sieht man den markanten Cardón (691 m) und im Südwesten den hohen Gipfel des Jandía (807 m) sowie die langen Sandstrände von Barlovento. Sogar die *Villa Winter* [s. S. 119], ein einsam stehendes Gebäude, ist an den Hängen

des Jandía zu erkennen, ebenso die Häuser des nahegelegenen Cofete.

Nur wer zügig geht, die Pflanzenwelt, huschende Eidechsen, feste Fäden ziehende Spinnen nicht weiter beachtet, schafft die Durchquerung vorbei am Windpark, der für die Stromversorgung der Playa Barca zuständig ist, in einer guten Stunde. Wer die Wüstenwanderung vom Granillo aus fortsetzt, dem werden

Windpark in der Wüste – Stromerzeugung auf der Halbinsel Jandía

immer wieder dunkle Stellen im hellen, groben Sand auffallen: Es handelt sich um *Vulkanpartikel*. Wie andere Teile der Insel auch, so wurde El Jable einst durch die Kraft der Vulkane aus dem Meer gehoben.

Nirgendwo auf dem Eiland lässt sich dieser Prozess besser nachvollziehen als an der **Steilküste**, die das Jable-Gebiet begrenzt. Deutlich sind hier die Sedimentschichten zu erkennen, die einst den Meeresboden bildeten. Wer noch weitere Beweise braucht, muss nur mit offenen Augen über die Hochfläche des Landstrichs streifen. Vor allem abseits der Pisten stößt man auf versteinerte *Meeresschnecken*, fossile *Korallenäste* und versteinerte Knochen von größeren Meeresbewohnern.

39 Costa Calma

Beliebtes Urlaubszentrum, versteckt hinter Palmen.

Ob es sich wirklich um den schönsten **Palmenhain** Fuerteventuras handelt, darüber kann man streiten. Jedenfalls ziert die 1986 angelegte Oase beide Seiten der viel befahrenen FV-2. Es sind lauter gedrungene und doch stolze Kanarische Palmen, deren tiefgrüne, lange Wedel fast den Boden berühren, wenn sie vom häufig wehenden starken Fuerteventura-Wind in Bewegung gesetzt werden. Inzwischen hat sich der Hain zu einem richtigen Wäldchen gemausert, und wer genauer hinschaut, der wird hier auch einige Kasuarinen und Kiefern entdecken.

Eine Blütenkomposition in Lila und Rot umschmeichelt die Playa de Sotavento

Wer sich in den **Hotels** oder **Apartmentanlagen** auf der Meerseite einquartiert hat, der wird nicht viel vom regen Verkehr auf der FV-2 mitbekommen. Doch Gäste in den Unterkünften auf der Bergseite müssen – um ans Meer zu kommen – erst einmal die belebte Landstraße überqueren. Für viele Touristen stellt sich dieses Problem jedoch nicht, da sie sich meist im Hotelgarten rund um den Pool am wohlsten fühlen. An der Costa Calma gibt es in erster Linie Mittelklasse-Hotels, die über eine erstaunlich gute Infrastruktur verfügen.

Die Geschichte dieses Retortendorfes begann im Jahr 1977 mit dem Bau des ersten Hotels, des *Solyventura*. Heute ist Costa Calma ein beliebter Ferienort, der vor allem durch sein vielfältiges Sportan-

gebot und das abwechslungsreiche Abendprogramm der Hotels und Clubanlagen besticht.

In den kleinen Häusern, die noch aus der Zeit vor 1977 stammen, oder in Apartmentanlagen leben heute rund 5500 Menschen ständig. Meist handelt es sich um Hotel- oder Restaurantangestellte.

Übrigens wird an der Costa Calma noch immer nördlich und südlich des jetzigen Kerns am Meer und auch auf der Bergseite gebaut. Aber von *calma*, was ja ›ruhig‹ bedeutet, ist hier ohnehin schon lange keine Rede mehr, zumindest nicht tagsüber, wenn der Verkehr am stärksten ist und die Bade- und Vergnügungslustigen am Strand für viel Trubel und eine lautstarke Kulisse sorgen.

Eine durchgehende Strandpromenade gibt es an der Costa Calma leider nicht. Nördlich des Hotels *Fuerteventura Playa* erheben sich aus dem gelbsandigen Strand mit schwarzen Kieseln und aus dem Meer steile Klippen. Sie eignen sich bestens als Windschutz für Sonnenanbeter. Südlich des Hotels ist der Strand zunächst noch relativ schmal, wird dann aber allmählich immer breiter.

Wer weiter die Küste entlanggeht, findet viel Platz an einem hellen Traumstrand, denn hinter Costa Calma beginnt die 16 km lange **Playa de Sotavento**. Der erste Abschnitt dieser wunderschönen Strecke heißt **Playa Barca** und ist bei Windsurfern sehr beliebt, denn hier weht fast das ganze Jahr über eine kräftige Brise. An dieser Playa werden deshalb seit Jahren auch die Weltmeisterschaften im Wind- und Kitesurfen ausgetragen. Am Strand steht nur ein einziges Hotel, das *Meliá Gorriones* und im Anschluss daran das Surfzentrum René Egli. Eine besondere Naturerscheinung macht die Playa auch bei Wattwanderern beliebt: Der *Barranco de la Barca* schwemmte hier nach Regenfällen Sand an und bildete ein großes Delta. Im Meer entstand eine sandige Nehrung, die bei Ebbe ein etwa 4 km langes und bis zu 600 m breites Watt vom Meer trennt.

i Praktische Hinweise

Information

Oficina de Información Turistica, FV-2 am 1. Kreisel in Costa Calma, Tel. 928 87 50 79 (Mo–Fr 8–15 Uhr).

Sport

Big Blue Dive, im Hotel Meliã Goriones, Playa Barca, Tel. 928 87 67 24, www.bigblue-sports.com. Tauchschule, aber auch Trekkingtouren und Wellenreit-Kurse sind im Angebot.

Traumhafter Sonnenuntergang an der markanten Felsenküste nahe Costa Calma

René Egli, Hotel Meliã Gorriones, Playa Sotavento, Tel. 928 54 74 83, www.rene-egli.com. Kite Center und Surfschule.

Hotels

****Costa Calma Palace**, Avenida Jahn Reisen, Costa Calma, Tel. 928 87 60 10, www.sunrisebeachhotels.es. Luxuriöse Hotelanlage direkt am Strand. Meerwasser-Hallenbad, zwei Pools mit Whirlpool, Kinderbecken, Fitness- und Wellnesscenter, zwei Tennisplätze.

****Fuerteventura Playa**, Urbanización Cañada del Río, Costa Calma, Tel. 928 54 73 44, www.sunandbeach hotels.com. Angenehmes Hotel mit großer Poolanlage und direktem Zugang zum Strand. Nur zehn Gehminuten vom langen Sandstrand, der Playa de Sotavento, entfernt.

****Meliá Gorriones**, Playa Barca, südlich von Costa Calma an der FV-2, km 70, Tel. 928 54 70 25, www.solmelia.com. Dank der guten Surfschule eines der wichtigsten Surferhotels der Insel.

Bungalows Solyventura, Calle Punta de Barlovento 22, Costa Calma, Tel. 928 54 71 65, www.solyventura.com. Terrassenförmige Anlage für Selbstversorger direkt am Strand, mit komfortabler Einrichtung und Restaurant.

Club Barlovento, Costa Calma, Tel. 928 54 70 02. Clubhotel bzw. Apartmentanlage mit Pool und direktem Zugang zum kleinen Strand und großen Terrassen.

Restaurants

Da viele Urlauber im Hotel speisen, konnten sich bislang nur wenige gute Restaurants etablieren. Die Ausnahme bilden:

Das Hotel Costa Calma Palace bietet eine schön angelegte Poollandschaft unter Palmen

San Borondon, Centro Comercial Costa Calma, Hotel Risco del Gato, Tel. 928 547100. Kanarische Küche und dazu die passende Musik.

Café

Fuerte Action, CC El Palmeral, auf der Bergseite am südlichen Rand der Costa Calma, www.rene-egli.com. Bei Sportlern beliebtes Frühstücks-Café mit integriertem Surfer- bzw. Sportgeschäft (tgl. 8.30–23 Uhr).

40 Risco del Paso

Wunder der Natur – die schönste Dünenlandschaft der Insel.

Die beiden berühmten Dünen der Playa de Sotavento, nach dem 253 m hohen Bergzug El Paso im Norden auch Risco del Paso (*Risco* = Klippe) genannt, sind die schönsten, die Fuerteventura zu bieten hat. Zwar sind sie nicht ganz so lang wie ihre ›Schwestern‹ südlich von Corralejo [s. S. 20 f.], aber höher und stellenweise noch nicht so überfüllt mit Badegästen. So kann, wer wochentags den Kamm der Dünen besteigt, noch lange die eigenen Spuren im Sand bewundern.

Doch immer sind Ruhe und Einsamkeit an diesem Ort natürlich nicht garantiert, beispielsweise dann nicht, wenn die sportlich ambitionierten Gäste der 6–8 km weiter südlich gelegenen Clubhotels der Playas Esquinzo und Butihondo ihren morgendlichen Strandspaziergang hierher unternehmen. Wer viel Wert auf Ruhe legt, sollte an den Wochenenden auf den Besuch der Dünen verzichten, denn dann bevölkern mit Picknickkörben und Sonnenschirmen ausgestattete Einheimische das Areal.

Windsurfen will gelernt sein – Schüler auf ihrem Übungsplatz an der Playa de Sotavento

Der 4 km lange Sandstrand von Jandía Playa lädt zu ausgedehnten Spaziergängen ein

Um mit dem Auto zu den Dünen der Playa de Sotavento de Jandía zu gelangen, muss man bei km 72 von der FV-2 auf eine 2 km lange Straße abbiegen. An ihrem Ende liegt der Strand mit einem belebten Strandrestaurant und dem Übungsplatz der Surfschule *René Egli* [s. S. 106], rechts türmt sich die berühmte Düne auf. Über holperige Pisten bis dicht an die Dünen zu fahren, wild zu parken und sich in manchen Kunststücken per Auto zu versuchen, haben Naturschützer und Polizei inzwischen verhindert. Außerdem gilt: Überall dort, wo die Zufahrt nicht ausdrücklich gestattet ist, muss mit Polizeikontrollen und hohen Strafen gerechnet werden.

Wer in einem der Hotels von Costa Calma oder Playa Barca wohnt, kann aber ohnehin auch wunderbar hierher wandern (von Costa Calma gut 6 km, von Playa Barca rund 2 km). Man sollte jedoch an die Flut denken, denn sie schneidet manchmal den Weg um die Klippen ab.

41 Jandía Playa

Beliebtestes Urlaubsziel Fuerteventuras mit mehr als 4 km langem Sandstrand.

Die Jandía Playa besticht vor allem durch den langen, sanft abfallenden und daher auch für Kinder hervorragend geeigneten Sandstrand. Ein Fest für die Augen allerdings ist die Architektur des Ortes nicht gerade: Für Jandía Playa, das Ende der 1960er-Jahre aus dem Sand gestampft wurde und inzwischen Fuerteventuras größte Ferienstadt ist, gab es keine Baupläne bzw. waren diese von den Investoren vom spanischen Festland oder aus Mallorca einfach ignoriert worden. Es ging einzig und allein darum, möglichst viele Hotel- und Apartmentbetten auf dem begrenzten Baugrund unterzubringen. Und leider kam niemand auf die Idee, diesem ›Betonbandwurm‹ so etwas wie ein Zentrum zu geben. Erst in den 1990er-Jahren begann man überhaupt, Gehwege und kleine, autofreie Gassen zu schaffen, an denen sich Bars, Restaurants und Geschäfte etablierten.

Die ungezügelte Bauwut wurde schließlich eingedämmt. Seit 1989 dürfen keine Hotels mehr dicht am Strand entstehen: 100 m Mindestabstand bei Flut ist vorgeschrieben – früher galten nur 25 m und nicht einmal diese wurden immer eingehalten.

Südlich der Dünen Risco del Paso [Nr. 40] schlängelt sich die FV-2 in großen Kehren entlang der Küste. Die alte Landstraße ist nur noch z. T. befahrbar. Aber auch wer über die Autobahn, die nur teilweise vierspurig ist, langsam fährt, genießt einen herrlichen Ausblick auf das blaue Meer, überwölbt von einem meist wolkenlosen Himmel. Dazwischen erspäht man kleine oder größere Strandabschnitte. Von den Dünen bis zur Retortenstadt Jandía Playa sind es rund 10 km, nach weiteren 3 km endet die Straße in Morro Jable [Nr. 42]. Immer wieder zweigen Stichstraßen zu den Klippen ab, auf denen sich **Clubanlagen** breit gemacht haben. Die architektonisch meist recht ansehnlich geratenen Komplexe, allen voran *Club Aldiana* und *Robinson Club*, erfreuen sich bei deutschen Urlaubern größter Beliebtheit.

Die schönsten Strände in dieser Region, die allerdings bei Flut relativ schmal werden können, heißen **Playa de Esquinzo** und **Playa de Butihondo**, landschaftlich zauberhaft unterhalb einiger Felswände gelegen. Am Strandabschnitt **Playa de Matorral** mit seinem hoch aufstrebenden Leuchtturm beginnt schließlich der eigentliche lange Strand von **Jandía Playa** (unter diesem Namen wird in der Regel die gesamte Küste zusammengefasst). In diesem Küstenbereich reiht sich ein *Centro Comerciál (CC)* an das nächste und ein Hotelkomplex an den anderen. Übrigens: CCs wie Hotels sind als Orientierung ganz wichtig, da man in Jandía Playa mit Straßennamen kaum weiter kommt. Folglich merke man sich das CC oder Hotel, in dessen Nähe sich die Kneipe, die Boutique oder die Diskothek befindet, die man aufsuchen möchte.

TOP TIPP

Zwischen den IBEROSTAR-Hotels auf hoher Klippe und dem Leuchtturm wurde das streng geschützte Gebiet des **Saladar de Jandía** zwischen Küstenstraße und Meer auf knapp 2 km Länge renaturiert. Nur noch wenige Zugänge zum Meer und damit an den eigentlichen Strand sind frei. Bei Flut muss man ein wenig durch das sehr salzige Wasser waten. Man sollte die Naturschutz-Vorgaben achten und sich an den verschiedenen Salzpflanzen und der Fauna dieser Salzwiesen erfreuen.

Kurz bevor die Straße Richtung Morro Jable wieder anzusteigen beginnt, wird rechter Hand – hinter dem CC Cosmo – jeden Donnerstag (9–13 Uhr) ein **Mercadillo** abgehalten, ein eher kleiner Markt, auf dem Gemüse, Früchte, Schuhe und Kleidung angeboten werden. Da die Parkplatzsituation dann noch schlimmer ist als sonst, empfiehlt es sich, vom Hotel hierher zu laufen oder mit dem Linienbus zu kommen.

Sehr schön ist es, auf der **Strandpromenade** die rund 2 km lange Strecke von Jandía Playa nach Morro Jable entlangzuschlendern. Besonders romantisch ist der Spaziergang am Abend, wenn sich die Lichter der Laternen im Wasser spiegeln.

i Praktische Hinweise

Information

Oficina de Información, CC Cosmo, Local 88, Avenida El Saladar, Solana Matorral, Jandía Playa, Tel. 928 54 07 76. Auch Info-Kiosk am Strand.

Lauschige Terrassenlaube der Clubanlage Aldiana an der Playa de Butihondo

Von Eselsohren und stachligen ›kleinen Hotels‹

Eine **Wanderung** auf den höchsten Gipfel Fuerteventuras ist nicht nur ein besonderes **Naturerlebnis**, sondern sie bietet auch eine großartige Sicht über beinahe das gesamte Eiland. Während der Berg drei Namen hat, **Jandía**, *Pico de la Zarza* und *Horejas de Asino*, besteht über seine Höhe von 807 m mehr Einigkeit, was auf den Kanaren ja bekanntlich auch nicht immer der Fall ist!

TOP TIPP

Der derzeitige Einstieg für Pistenfahrer liegt am nordöstlichen Ende von Jandía Playa. Autofahrer dürfen nicht mehr die einst noch befahrbare Piste benutzen, auch wenn keine Hinweisschilder aufgestellt sind und sich die Situation aufgrund der ständigen Neu- und Umbauten auf der Bergseite der Feriensiedlung immer wieder ändert. Einheimische warnen davor, dennoch den Wagen zu nehmen, denn bei Kontrollen durch die Polizei wird es teuer!

Kein Problem eigentlich für Wanderer, die schließlich auch die Landschaft genießen wollen: Sie benötigen für die gesamte Strecke (einfach) maximal drei Stunden. Ein klein wenig anstrengend ist höchstens das letzte Stück. Ganz wichtig: Auf keinen Fall darf man Trinkwasser, Wind- und Kopfschutz vergessen!

Oben auf dem zickzackförmigen **Trampelpfad** über den Kamm angelangt, sieht man, weshalb die Hirten von Jandía den Berg Horejas de Asino (Eselsohren) nennen: Er hat zwei parallele Spitzen, die leicht nach rechts knicken. Auf dem letzten, nun etwas steileren Pistenabschnitt kurz vor dem Gipfel, den eine Radioantenne ›ziert‹, sollte der Naturfreund der **Vegetation** am Wegesrand ein wenig Aufmerksamkeit schenken. Ihm fallen dann die stacheligen Hotelitos mit ihren kleinen gelben Blüten ins Auge, die Büsche des Strauch-Dornlattichs, die immer allerlei Getier wie Eidechsen und Vögel, Käfer und Schmetterlinge in ihrem Geäst beherbergen – daher der volkstümliche Name ›kleines Hotel‹. Daneben erblickt man die hohen Bobós (Blaugrüner Tabak) mit ihren gelben Trompetenblüten, die überall dort sprießen, wo andere Pflanzen längst aufgegeben haben. Nicht von ungefähr betiteln die Canarios einen Dickkopf gerne als Bobó! Dekorativ sind auch die schönen Tabaibas (Wolfsmilchgewächse), die die Hänge der Schluchten wie mit einem zarten grünen Teppich bedecken. Selbst die Kanarische Verode (Oleanderblättrige Kleinie) wächst – wenn auch nur vereinzelt – hier, oder der Affodill, der im Frühjahr stolz seine weißen Blütenstängel nach oben schiebt. Besonders prachtvoll jedoch präsentiert sich am Jandía der Kanarische Seidenblättrige Goldstern, der seinem Namen alle Ehre macht: Zwischen den seidig glänzenden Blättern entfalten sich wunderschöne goldgelbe Blüten in Sternenform.

Auf Schritt und Tritt begleitet den Wanderer Vogelgezwitscher, unterbrochen nur vom Meckern der Ziegen und Blöken der Schafe, das aus dem südlichen **Barranco de Viñamar** heraufschallt. Die Felswände zeigen markante Basaltformationen und poröses Lavagestein.

Je höher man steigt, desto schöner und faszinierender werden die Ausblicke über den Südwesten der Halbinsel. Auf dem Gipfel des Berges erschließt sich dem Wanderer ein einzigartiges **Panorama**: In Richtung Nordosten erkennt man das Wüstengebiet El Jable mit seinen großen menschenleeren Sandflächen und charakteristischen Windrädern. Dann führt der Blick über die ›Wespentaille‹ der Insel, La Pared, hinweg nach Norden zum anschwellenden ›Körper‹ Fuerteventuras. Hier lag das frühere Königreich von Maxorata, Konkurrent des kleinen südlichen Königreichs von Jandía. Markanteste Sichtmarke freilich ist der 691 m hohe Cardón nördlich von La Pared. Im Westen umfasst der Blick die gesamte Playa de Barlovento und die Playa de Cofete, die zusammen den fast durchgehenden, etwa 15 km langen Sandstrand der Nordwestküste bilden. An ihrem Ende bäumt sich der Meeressaum noch einmal zum 189 m hohen Las Talahijas auf, welcher wiederum die wunderhübsche Bucht Caleta de la Madera rahmt. Auch die Villa Winter [s. S. 119] und die einfachen Wochenendhäuser von Cofete sind von dem Aussichtspunkt deutlich zu erkennen.

Sport

Tauchschule Félix, Avenida del Saladar 9, Jandía Playa, Tel. 928 54 14 18, www.tauchen-fuerteventura.com

Nachtleben

Bananas, in der Nähe des Hotels Buganvilla, Jandía Playa. Im Winter am Wochenende, im Sommer auch werktags, bis 5 Uhr morgens.

Disco-Pub Tequila, im CC Faro Atlantico, Jandía Playa, gegenüber dem Leuchtturm. Geöffnet meist am Wochenende ab 22/23 Uhr. Aber ›richtig was los‹ ist erst nach Mitternacht.

Noche Tropical, im CC Cosmo, Jandía Playa. Salsa und Merengue. Am Wochenende kommen viele Einheimische unterschiedlichen Alters. Geöffnet von 23–5 Uhr.

Disco Mafasca, neben dem Hotel Stella Dunas Jandía Resort (ehemaliges Hotel Stella Canaris). Hier ist erst ab Mitternacht so richtig was los.

Hotels

******Barceló Jandía Playa**, Playa de Jandía, Calle Sancho Panza s/n, Tel. 928 54 60 00, www.barcelojandiaplaya.com. Großzügige Hotelanlage an der Bergseite der Strandpromenade. Geräumige Zimmer, 5 Pools, Miniclub, Diskothek, Animation; All inclusiv.

Club Aldiana, Playa de Jandía, Tel. 928 16 98 70, in Deutschland Tel. 018 03/90 10 48, www.aldiana.de. Das Clubhotel liegt auf palmenbestandenen Klippen; reichlich Animation und zahlreiche Sportmöglichkeiten, vor allem Tennis, Tauchen, Segeln und Surfen. Treppen führen von der Anlage zum Strand bzw. zur Tauch- und Surfstation.

******Robinson Club Esquinzo**, www.robinson.com. Buchung u. a. über Tel. 018 03/76 24 67. Familienclub oberhalb des langen Sandstrandes nördlich des Urlaubszentrums Jandía. Zwei Pools und Kinderbecken. Sportangebot wie Windsurfen, Segeln und Tennis. Betreuung für Kinder ab 2 Jahre, in den Sommerferien auch für größere Kinder.

******Robinson Club Jandía Playa**, www.robinson.com. Buchung u. a. über Tel. 018 03/76 24 67. Clubhotel mit Zugang – über den öffentlichen Weg hinweg – zum Sandstrand. Ideal für Sportliche: Tennis, Tauchen, Surfen und Fitnesscenter. Kinderclub ab 13 bzw. 15 Jahren.

Schöne Aussichten – der beliebte Ferienort Morro Jable aus der Ferne betrachtet

42 Morro Jable

In diesem einstigen Fischerdorf kann man die schönsten Sonnenaufgänge und Sonnenuntergänge beobachten.

In den 1970er-Jahren, als das einfache Fischerdorf Morro Jable zu einem kleinen Städtchen heranzuwachsen begann, brauchte man noch bis zu 3 Stunden für die rund 70 km vom Flughafen bei Puerto del Rosario bis hierher in den Süden. Heute dauert die Fahrt auf der gut ausgebauten Straße rund eine Stunde.

Zwar sind auch in Morro Jable in Richtung Jandía Playa neue Hotel- und Apartmentanlagen entstanden, doch ist der alte Kern des Ortes ziemlich intakt geblieben. Viele der alten, höchstens zwei- bis dreistöckigen **Fischerhäuser** wurden restauriert und präsentieren sich hübschadrett in Weiß. Einige von ihnen beherbergen heute nette Pensionen, beliebt bei Individualurlaubern.

Wer gerne frischen Fisch speist, kommt in den überwiegend kleinen, teils gemütlichen **Restaurants** an der Strandpromenade auf seine Kosten. Die Preise halten sich im mittleren Bereich. Und im engen Zentrum gibt es sogar noch ein paar originelle **Tapas-Bars** (s.u.), in denen man vorwiegend Einheimischen begegnet.

Aber nicht nur diese attraktiven Lokalitäten machen den Charme des Städtchens aus, sondern natürlich auch der wundervolle, teilweise mit Liegen und Sonnenschirmen bestückte hellsandige **Strand**, die Fortsetzung der Jandía Playa. Und noch für eine weitere Überraschung ist der Ort an der südlichen Küste gut: Man kann hier sowohl den Sonnenaufgang an der Ostküste als auch den Sonnenuntergang an der Westküste erleben, weil an dieser Stelle die Halbinsel einen Knick macht.

Das westliche Ende von Morro Jable markiert ein hoher Felsvorsprung. Hier hat man den zum Meer hin abfallenden Hang in einen kleinen **Stadtpark** mit kanarischer Flora verwandelt. Eine Treppe führt vom Strand hinauf zu dem auf einem Hügel liegenden, architektonisch äußerst ansprechend gestalteten **Villenviertel** von Morro Jable.

Westlich des Ortes befindet sich der allzu große und gesichtslos geratene **Hafen**, den man mit einer kleinen luxuriösen Siedlung mit Urlaubsapartments und Wohnungen für vermögende Einheimische aufzuwerten hofft. Auch der **Fischerhafen** wurde hierher verlegt, zu ihm gehört ein Kühlhaus und das einfache Restaurant der Fischereigenossenschaft Cofradía de Pescadores de Morro Jable [s. S. 114]. Oberhalb des Hafens endet die Asphaltstraße und es beginnt die Piste zum Leuchtturm, die auch zur endlos langen Playa de Barlovento mit der Playa de Cofete [s. S. 118] führt.

i Praktische Hinweise

Schiff

Naviera Armas, Hafen, Morro Jable, Tel. 928 54 21 13. Fähre nach Las Palmas de Gran Canaria und Santa Cruz de Tenerife, www.navieraarmas.com

Hotels

Club Coronado, Morro Jable, Tel. 928 54 11 74, www.solitour.com. Strahlend weiße Bungalowanlage auf einer Klippe direkt über dem Strand zwischen Morro Jable und Jandía Playa. Mit luxuriösen Suiten, hinzu kommen die exklusiven Apartments Marlindo und das Restaurant Coronado.

TOP TIPP ******XQ Palace El Palacete**, Calle Acantilado s/n, Morro Jable, Tel. 928 54 20 70, www.xqhotels.com. Direkt über dem wunderschönen Strandabschnitt von Morro Jable gelegen, wirkt das Hotel in seiner Anlage sehr anheimelnd. Perfekter Service und reichhaltige Büffets ist garantiert, auf Wunsch kann aber auch à la carte gespeist werden.

Apartments und Pensionen

Altavista, Calle Abubilla 8, Morro Jable, Tel. 928 54 01 64. Moderne, großzügige Apartments im Zentrum, 100 m oberhalb des Strandes. Sonnenterrasse mit Meerblick.

Apartamentos Alberto, Calle del Faro 4, Morro Jable, Tel. 928 54 51 09. Kleine, von außen etwas nüchtern wirkende Apartmentanlage unter deutscher Leitung. Am oberen Rand von Morro Jable mit schönem Blick auf den Ort.

Apartamentos Casablanca, Avenida del Faro 6, Morro Jable, Tel. 928 54 17 44, www.apartamentos-casablanca.com. Strahlend weiße Apartmentanlage am Hang im Villenviertel von Morro Jable mit herrlichem Blick zum Meer. Kleiner Pool.

Omahy, Calle Maxorata 47, Morro Jable, Tel. 928 54 12 54. Einfache Pension im Ortszentrum.

Restaurants

Die meisten Lokale von Morro Jable liegen an oder ganz in der Nähe der Strandpromenade und sind in der Regel jeden Tag von 11–22/23 Uhr geöffnet.

Cofradía de Pescadores de Morro Jable, Morro Jable, Tel. 928 54 12 53. Das nette Lokal der Fischereigenossenschaft, wo man Fischer auch mal nur beim Kartenspielen antrifft, bietet nur Getränke, aber einen super Blick über die Strandpromenade. Preiswert und freundlich.

TOP TIPP **El Chinchorro**, Plaza Cirilo Lopez-Peatonal La Piragua 5, Morro Jable, mobil 617 74 72 16. Einfaches, familiär geführtes Tapas-Restaurant mit Tischen in der Gasse. Man serviert typische kanarische Gerichte wie *Ropa vieja* (Gemüse, Fleisch und Kichererbsen), *Callos con garbanzas* (Kutteln mit Kichererbsen), *Chipirones* (kleine Tintenfische), *Choco* (große Tintenfische), frischen Fisch und Fr/Sa *Pata de cerdo* (Schweinekeule). Nur auf Vorbestellung gibt es Zicklein, Ziege, Kaninchen und Paella. Preisgünstig, auch der Hauswein (tgl. 11–24 Uhr).

El Dorado, Calle Carmen 31, Morro Jable, Tel. 928 54 03 36. Von Einheimischen bevorzugtes preiswertes *Tapas*-Lokal stadtauswärts am oberen Rand von Morro Jable (Mo–Sa 8–16 Uhr).

El Velero, Calle los Marineros 5, Morro Jable, Tel. 928 54 05 93. Frische Fischgerichte zu normalen Preisen kommen in diesem kleinen, echt spanisch-kanarischen Lokal auf den Tisch.

Krokodil und Co. am Strand von Morro Jable – fantasievolle Kunstwerke aus Sand

An der Punta Pesebre scheinen sich die Küstenkonturen im Unendlichen zu verlieren

La Gaviota, Avenida del Mar 27, Morro Jable, Tel. 928 54 19 61. Das große Terrassenrestaurant bietet gute Fischgerichte. Mittelpreisig. Di/Mi und Do Livemusik.

Laja, Avenida del Mar 18, Morro Jable, Tel. 928 54 20 54. Die Spezialitäten dieses freundlichen Restaurants mit Wintergarten und Blick über den Strand sind Fisch und Paella. Mittelpreisig.

Leo's, Avenida del Mar 25, Morro Jable, Tel. 928 54 07 24. Mittelpreisiges kleines Fischlokal an der Promenade.

Posada San Borondon II, Plaza Cirilo Lopez 1, Morro Jable, Tel. 928 54 14 28. Urig ›andalusisch‹ und in Kapitänsmanier eingerichtete *Bodega* mit Restaurant. Do–So, im Sommer auch Mi, Livemusik ab 20 Uhr. Von der Decke hängt appetitlicher iberischer Schinken.

Saavedra Clavijo, Avenida Tomas Grau Gurea s/n, Morro Jable, Tel. 928 16 60 80. Typisches kleines Fischlokal an der Strandpromenade mit Tischen in der gegenüberliegenden Gasse. Preiswerte Gerichte.

Vesubio, Avenida del Mar 2, Morro Jable, Tel. 928 54 03 91. Italienische Küche wird in diesem netten Lokal mit verglaster Terrasse im ersten Stock serviert. Spezialitäten sind Kaninchen, Lamm und Zicklein. Mittelpreisig.

43 Puerto de la Cruz

20 km panoramareiche Piste zur Landzunge Punta de Jandía mit ihrem Leuchtturm.

Für Unternehmungslustige gehört im Süden eine Fahrt auf rauer Piste zum Ausflugsprogramm. Hierfür kann man sich entweder organisierten Jeep-Touren anschließen oder sich auf eigene Faust ins Abenteuer stürzen. Die Exkursion in den westlichen Teil der Halbinsel Jandía sollte allerdings nur mit einem Off-Road-Wagen unternommen werden.

Von Morro Jable bis zur Punta de Jandía im äußersten Südwesten der Insel sind es ziemlich genau 20 km Piste, und das letzte kurze Stück wurde sogar asphaltiert. Diese Strecke ist mit dem Jeep leicht zu bewältigen, etwas schwieriger hingegen, wegen der vielen Schlaglöcher und der Kurven, ist die Weiterfahrt auf die andere, die nordwestliche Seite der Halbinsel, nach Cofete.

Vorbei am Hafen und am kleinen Friedhof von Morro Jable geht es zunächst durch eine Steinwüste aus braunem Sedimentgestein mit schwarzen Lavaeinschlüssen. Die Silhouetten der Berge rechter Hand, aus denen der *Morro Mungla* (390 m) mit seinen auffälligen Längsstreifen aus hartem Basaltgestein besonders hervorsticht, sind rau und gezackt und nicht so stark erodiert bzw. abgeschliffen wie die Berge in der Mitte Fuerteventuras. Nach jedem Regenguss sind die Hänge mit einem hauchdünnen

Graskleid bedeckt, ansonsten wächst in dieser Region vor allem der Strauch-Dornlattich, dessen kleine gelbe Blüten hier und da zarte Farbtupfer in die weitgehend karge Landschaft setzen. Die wenigen Häuser, die man unterwegs sieht, gehören zur Siedlung **Casas de Gran Valle**. Hier beginnt auch ein markierter Wanderweg, er geht vorbei an den Hängen des *Morro de la Habana* (528 m) und des *Fraile* (683 m) nach Cofete. In dieser Gegend ist der Anbau von Tomaten stark zurückgegangen, zu mühevoll war die Bewässerung. Immer wieder führen Trampelpfade und ausgewaschene Fahrpisten zum Meer, Wege für Urlauber und Einheimische, die die Einsamkeit kleiner *Buchten* für ein Sonnenbad oder einen schönen Platz zum Angeln suchen.

Auf der Weiterfahrt nach Westen tauchen plötzlich wie aus dem Nichts die wenigen Häuser und das Windrad von **Puerto de la Cruz** im Blickfeld auf. ›Hafen des Kreuzes‹, ein stolzer Name für das winzige Nest, das nur im Sommer etwas belebt ist, während die rund zehn Familien im Winter in Morro Jable wohnen. Am Anfang des Ortes wurden zwei kurze Molen ins Meer gemauert, ein wenig Sand hat sich im Scheitelpunkt der engen Bucht angesammelt. Das ist der *Puertito*, der kleine Hafen, in dem man allerdings nur wenige Fischerboote entdecken kann. Inzwischen wurde hier auch eine *Meerwasser-Entsalzungsanlage* gebaut. Sie wird mit zwei lauten Dieselmotoren betrieben, was seltsam wirkt, denn hier steht auch ein umweltfreundliches *Windrad*. Ein paar einstöckige Fischerhäuser, eine Wohnwagen-Kolonie für Wochenendurlauber aus Gran Canaria – alles wirkt ein wenig wie im Wilden Westen und liegt doch nur im äußersten Südwesten Fuerteventuras …

Für einen Zwischenstopp empfiehlt sich das über dem Meer gelegene Bar-Restaurant *El Caletón* (s. u.), in dem Urlauber und Einheimische gerne einkehren. Die *Plaza*, einfach eine betonierte Fläche mit einem Indischen Lorbeerbaum, spielt sozusagen die Hauptrolle im Dorf. Hier lädt die nette Kneipe Casa Pépe oder *Tenderete* (›Lasst uns zusammenhocken‹) zur Einkehr ein. Im angeschlossenen Laden kann man die Einkäufe erledigen. Ganz in der Nähe befindet sich das *Punta Jandía* (s. u.), ein Lokal, dessen Küche für seinen guten Fischeintopf (*Caldo de Pescado*) bekannt ist.

Breit ist der von großen Kieselsteinen begrenzte Sandstrand im Westen von Puerto de la Cruz – mit Blick auf den Leuchtturm an der **Punta de Jandía**. Dorthin führt eine schmale Asphaltstraße (1,5 km). Im restaurierten **Faro de Jandía** (Di–Sa 10–18 Uhr, mit Cafeteria) informiert eine Ausstellung über gestrandete Delphine und Wale. Von hier geht der Blick nach

Ein beliebtes Ausflugsziel an der Westküste ist der Leuchtturm an der Punta de Jandía

Morro Jable und weiter zum Leuchtturm von Jandía Playa.

Ein paar Schritte nördlich des Faro kann man eine einst lebensnotwendige Vorrichtung bestaunen: ein **Wasser-Auffangsystem** mit zwei gemauerten Rinnen, die das Regenwasser in eine Zisterne führten. Ab den frühen 1990er-Jahren versorgte ein Wasserwagen des *Cabildo Insular* diese entlegene Ecke der Insel. Heute gewinnt man hier das Trinkwasser ausschließlich aus dem Meer (s. o.).

Wer noch ein Stück weiter in Richtung Norden geht, kommt zu **Basaltklippen** mit flachen Wannen, in denen sich das überschwappende Meerwasser sammelt. Vor allem an den Wochenenden geht es hier idyllisch zu, stehen garantiert Angler am Ufer und warten geduldig auf einen kapitalen Fang, den sie dann mit Vorliebe gleich an Ort und Stelle über der Holzkohlenglut brutzeln.

Die nächste sehenswerte Bucht, die **Playa de Ojos**, der ›Strand der Augen‹, ist vielleicht 100 m lang und windgeschützt. An ihrem Rand glitzert im hellen Sand schwarzer Kies. Das Meer ist hier tiefblau und hebt sich kontrastreich von den umgebenden hohen schwarzen Felsen ab. Ein prachtvolles Fotomotiv! Baden kann man wegen der starken Wellen in dieser Bucht aber leider nicht.

Von Puerto de la Cruz selbst führt eine schmale Asphaltstraße direkt zur 4,3 km entfernten nordwestlichsten Spitze Fuerteventuras, zur **Punta Pesebre** mit ihrem kleinen mit Solarzellen betriebenen Leuchtturm. Von hier aus genießt man einen herrlichen Blick hinüber zur Playa de Cofete mit ihren versprenkelten schwarzen Felsen und zur Villa Winter [s. S. 119] am Abhang bei Cofete. Dahinter erstreckt sich die lang gezogene Playa de Barlovento. Auch der ›Inselhöchste‹ Jandía ist bestens zu erkennen ebenso wie das Jable-Gebiet, das von hier aus wie eine riesige Düne wirkt. Folgt man den Konturen der Westküste, so verliert diese sich ganz weit nördlich im Dunst.

Unterhalb der Punta liegt die hübsche kleine **Caleta de la Madera**, und landeinwärts erblickt man die einzige Erhebung an dieser Spitze der Insel, den *Las Talahijas* (189 m).

i Praktische Hinweise

Restaurants

El Caletón, Puerto de la Cruz, Tel. 928 17 41 46. Kleines, direkt über dem Meer am Hafen gelegenes Terrassenlokal mit kanarischer Küche. Spezialität ist auch hier der Fischeintopf. Leicht gehobene Preise (tgl. 9–22 Uhr).

Punta Jandía, Puerto de la Cruz, Tel. 928 17 44 90. Nettes Lokal im Marine-Look. Der kanarentypische Fischeintopf soll hier nach Meinung der Einheimischen besonders gut schmecken. Leicht gehobene Preise (Di–So 10.30–19/20 Uhr).

Putzigen Streifenhörnchen begegnet man auf dem Weg nach Cofete

44 Cofete

Ein grandioser, meist einsamer Sandstrand und eine unglaubliche Brandung.

Auf halber Strecke zwischen Puerto de la Cruz und Morro Jable kommt man an eine Kreuzung, von der aus eine weitere Piste nach Norden führt. Unterwegs darf man sich nicht wundern, dass immer mal wieder ein *Streifenhörnchen* den Weg kreuzt und keineswegs ängstlich ist, wenn man aussteigt und sich ihm langsam nähert. Eigentlich gehören diese putzigen Tiere ja in die nordafrikanische Sahara. Doch in den 1970er-Jahren sollen Fremdenlegionäre ein paar der Nagetiere als Maskottchen mitgebracht und später ausgesetzt haben. Sie vermehrten sich rasant und verbreiteten sich über die ganze Insel. Die Anwesenheit der Streifenhörnchen geht auch auf Kosten der spärlichen Pflanzenwelt des **Parque Natural de Jandía**, den man hier durchquert. Dieser Naturpark umfasst mit rund 14 ha fast die ganze Halbinsel.

Die Piste steigt jetzt in weiten Kehren Richtung Norden an. Nach 1,5 km überquert man eine Passhöhe und gelangt zum Aussichtspunkt **Mirador de Barlovento**, der ein atemberaubend schönes Panorama präsentiert. Von

TOP TIPP

Für große und kleine Strandstreckenläufer bestens geeignet – die Playa de Barlovento

hier schaut man hinab auf den dunklen Roque del Moro, den 683 m hohen Fraile und noch weiter vorne auf den größeren Felsen von El Islote. Rechter Hand begrenzen die höchsten Gipfel der Halbinsel, darunter der Jandía (807 m), die Szenerie. Und dann liegt einem die gesamte Küste mit dem endlos scheinenden Strand zu Füßen, zuerst die Playa de Cofete, anschließend die Playa de Barlovento, dahinter wieder die dünenähnliche, aus dem Meer geborene Sandebene El Jable [Nr. 38].

Nochmals 5 km geht es jetzt abwärts nach **Cofete**. Die einzige Kneipe des Ortes ist meist nur an Wochenenden oder Feiertagen geöffnet, wenn der Wirt den Besuch von einheimischen Ausflüglern erwartet. Hier kann man jedenfalls gut den Wagen abstellen – etwas zum Trinken und vielleicht ein kleines Picknick sollte man aber vorsichtshalber dabei haben.

Bitte kein Gegenwind – die Piste nach Cofete ist schon hürdenreich genug

TOP TIPP Noch rund 200 m sind es dann zur **Playa de Cofete**. Einige Strandburgen aus schwarzen Lavasteinen deuten schon an, dass sich hier immer mal wieder Sonnenanbeter der im ständigen Wind kaum spürbaren, aber eben deshalb gefährlich brennenden Sonne aussetzen. Vorsicht ist auch beim Baden geboten: Da es hier starke Unterströmungen gibt, besteht beim Hinausschwimmen Lebensgefahr! Man sollte also lieber am herrlichen Strand spazieren gehen und zuschauen, wie die Gischt gegen den vom Bergkamm hinabbrausenden Wind ankämpft. Es sieht aus, als wolle er sie nicht an Land lassen, als würden lauter kleine weiße Delfine oder Indianer mit weißem Federschmuck ans Ufer schwimmen. Die Fantasie kann hier geradezu Purzelbäume schlagen!

Leider sieht man dem schönen, grobkörnigen Sandstrand an, dass er gerne frequentiert wird, denn noch lange, nachdem die letzten Ausflügler das Gebiet verlassen haben, liegen hier Plastiktüten, Dosen oder Flaschen… Noch ein Hinweis: Campen außerhalb des mit Seilen abgegrenzten Bereichs und Autofahren am Strand sind strengstens verboten!

Zur Villa Winter geht man, wenn man sie denn besuchen möchte, die restlichen 1,5 km besser zu Fuß, denn die Piste ist so ausgewaschen, dass sie auch mit Vierradantrieb kaum befahrbar ist.

Nach letzten Meldungen soll bereits Geld vorhanden sein, um auch die 18 km lange Straße nach Cofete zu asphaltieren. Dann ist auch dieser romantische Winkel Fuerteventuras leicht zugänglich. Keine gute Idee für das Schildkrötenrettungsprojekt von Cofete!

Praktische Hinweise

Restaurant

Cofete, Cofete, Tel. 928 17 42 43. Lokal in der kleinen, nur am Wochenende belebten Siedlung über dem Meer. Geboten werden spanisch-kanarische Spezialitäten und Fisch zu überhöhten Preisen (unregelmäßig geöffnet).

Villa Winter – Die Gerüchteküche brodelt

Eigentlich ist die einsam gelegene **Villa Winter** im Stil der Neorenaissance mit klobigem Rundturm, Loggia und Rundbogenfenstern nicht besonders sehenswert. Allerdings ist das Gebäude mit abenteuerlichen **Gerüchten** verbunden. Einige besagen, Hitler habe **Gustav Winter**, den Besitzer des Anwesens, beauftragt, im Süden Fuerteventuras einen U-Boot-Stützpunkt zur Kontrolle der Schiffswege von Amerika ins Mittelmeer einzurichten. Doch konnte außer der Anwesenheit des geschäftstüchtigen Gustav Winter in seinem Inseldomizil trotz intensiver Recherchen der Journalisten keines der Gerüchte durch Fakten bestätigt werden.

Fest steht eigentlich nur, dass der 1971 im Alter von 75 Jahren verstorbene Deutsche Winter seit 1915 in Spanien lebte, sich 1926 am Bau des Elektrizitätswerks auf Gran Canaria beteiligte, in den 1930er-Jahren nach Fuerteventura umsiedelte und die Halbinsel Jandía von den Erben des Grafen von Santa Coloma pachtete. Ab 1937 wollte Winter unter der Schirmherrschaft des Naziverbrechers Hermann Göring eine Fischfabrik und ein Zementwerk auf der Halbinsel bauen. Der Plan scheiterte jedoch mit dem Beginn des Zweiten Weltkriegs. Winter ging dann nach Frankreich und beteiligte sich am Bau von U-Boot-Bunkern in der Bretagne. 1947 kehrte er mit seiner Frau nach Fuerteventura zurück, legte eine Tomatenplantage an, züchtete Schafe und Ziegen – und ließ die Villa bauen. 1956 dann siedelte die Familie nach Gran Canaria über.

Zwischenzeitlich hatte Jandía seinen Besitzer gewechselt. Als im Jahr 1962 der Pachtvertrag auslief, erhielt Gustav Winter als Entschädigung für seine Aufwendungen von der neuen Eigentümergesellschaft Dehesa de Jandía S. A. 2300 ha Land zwischen Morro Jable und Cofete.

Als 1966 mit dem Bau des ersten Hotels auf der Halbinsel Jandía der Tourismus begann, hatte die Familie Winter ausgesorgt: Zum Quadratmeterpreis von umgerechnet 38 € verkaufte sie bis dato kaum genutztes Ödland an deutsche Touristikunternehmen.

Die Villa wurde einem Verwalter überlassen. Das Gebäude verfiel immer mehr. Danach besetzten drei inzwischen sehr betagte Insulaner die Villa.

Wer die Villa sehen möchte, sollte sich einem organisierten Jeepausflug anschließen. Empfehlenswert ist etwa **Jeep Discovery Safari** (über die Hotels bzw. diverse Agenturen zu buchen).

Fuerteventura aktuell A bis Z

Vor Reiseantritt

ADAC Info-Service:
Tel. 018 05/10 11 12 (0,14 €/Min.)

Unter dieser Telefonnummer und bei den ADAC Geschäftsstellen können Mitglieder auch umfangreiches und kostenloses Informations- und Kartenmaterial anfordern.

ADAC im Internet:
www.adac.de
www.adac.de/reisefuehrer

Fuerteventura im Internet:
www.fuerteventuraturismo.com

Informationen bietet auch das Spanische Fremdenverkehrsamt: **Turespaña**, www.spain.info

Deutschland

Lietzenburgerstr. 99/6. OG, 10707 Berlin, berlin@tourspain.es

Kutscherhaus, Grafenberger Allee 100, 40237 Düsseldorf, duesseldorf@tourspain.es

Myliusstr. 14, 60323 Frankfurt/Main, frankfurt@tourspain.es

Postfach 15 19 40, Schubertstr. 10, 80336 München, munich@tourspain.es

Prospektbestellung und allgemeine touristische Auskünfte in Deutschland: Tel. 01 80/300 26 47

Österreich

Walfischgasse 8/14, 1010 Wien, Tel. 08 10/24 24 08, viena@tourspain.es

Schweiz

Seefeldstr. 19, 8008 Zürich, Tel. 008 00 10 10 50 50, zurich@tourspain.es

Allgemeine Informationen

Reisedokumente

Reisepass oder Personalausweis, Kinderreisepass bzw. Kinderausweis.

Kfz-Papiere

Führerschein und Zulassungsbescheinigung Teil 1 (vormals Fahrzeugschein), Internationale Grüne Versicherungskarte.

Bei Leihwagen sollte man wegen niedriger Deckungssummen eine Vollkasko- und Insassenunfallversicherung abschließen. Mit der Kreditkarte erspart man sich die Zahlung einer Kaution.

Krankenversicherung

Die Europäische Krankenversicherungskarte ist in die übliche Versicherungskarte integriert. Sie wird in ganz EU-Europa anerkannt und garantiert die medizinische Versorgung. Zusätzlich empfiehlt sich jedoch der Abschluss einer Reisekranken- und Rückholversicherung.

Hund und Katze

Für Hund und Katze ist bei Reisen innerhalb der EU ein gültiger, vom Tierarzt ausgestellter EU Heimtierausweis vorgeschrieben, ebenso die Kennzeichnung durch Mikrochip oder Tätowierung. Potenziell gefährliche Hunde müssen mit einem Maulkorb an der Leine geführt werden.

Zollbestimmungen

Die Kanarischen Inseln und somit auch Fuerteventura sind **Freihandelszone**, trotz Anschluss an die EU. Ansonsten gelten die üblichen Richtlinien für die Ausfuhr von Waren zum eigenen Gebrauch wie für Nicht-EU-Länder, d.h. es dürfen mitgeführt werden: 200 Zigaretten, 100 Zigarillos, 50 Zigarren oder 250 g Rauchtabak, 50 g Parfüm, 1 l Spirituosen mit mehr als 22 % Alkohol bzw. 2 l mit weniger als 22 % Alkohol. Bei Einreise in die Schweiz bleiben zollfrei: 200 Zigaretten oder 50 Zigarren oder 250 g Tabak, 2 l alkoholische Getränke bis zu 15 % und 1 l Spirituosen über 15 % (für Personen ab 17 Jahren), andere Waren bis zu einem Gesamtwert von 300 CHF. Beschränkt ist dabei die Mitnahme von Lebensmitteln, siehe www.ezv.admin.ch.

Infos: Informationsstelle Zoll, Tel. 03 51/44 83 45 10, www.zoll.de

Geld

Banken, Hotels, Restaurants und viele Geschäfte akzeptieren gängige *Kreditkarten*. An zahlreichen *EC-Geldautomaten* kann man rund um die Uhr Geld abheben.

Tourismusämter im Land

Puerto del Rosario

Patronato de Turismo, Calle Almirante Lallermand 1, Tel. 928 53 08 44, www.fuerteventuraturismo.com (Mo–Fr 8–15 Uhr)

Oficina Información, Avda. Marítima s/n, Tel. 618 52 76 68, www.turismo-puertodelrosario.org (Mo–Fr 8–15 und 17–19, Sa/So 10–13 Uhr)

Corralejo

Oficina Información y Turismo, Avenida Maritima 2, Tel. 928 86 62 35, www.corralejograndesplayas.com (Mo–Fr 9–15, Sa/So 9–14 Uhr)

Caleta de Fuste

Oficina Información, Calle Juan Ramón Soto Morales 10, Tel. 928 16 32 86, www.caletadefuste.es (Mo–Fr 9–14 Uhr)

Notrufnummern

Einheitlicher Notruf *(Urgencia)*: Tel. 112 (EU-weit, auch mobil, Polizei, Unfall, Feuerwehr)

Pannenhilfe des RACE (Real Automóvil Club de España): Tel. 915 93 33 33 (Hilfe ist kostenpflichtig), www.race.es

ADAC-Notrufstation Barcelona: Tel. 935 08 28 28

ADAC-Notrufzentrale München: Tel. 00 49/89/22 22 22 (rund um die Uhr)

ADAC-Ambulanzdienst München: Tel. 00 49/89/76 76 76 (rund um die Uhr)

ÖAMTC Schutzbrief-Nothilfe: Tel. 00 43/(0)1/251 20 00

TCS Zentrale Hilfsstelle: Tel. 00 41/(0)224 17 22 20

Ein polizeiliches Protokoll ist für die Schadensregulierung bei Unfällen unbedingt notwendig und unerlässlich bei **Personenschäden**. Wer kein Spanisch spricht, sollte keine fremdsprachigen Schriftstücke unterzeichnen, auf einen Dolmetscher bestehen und sich mit seinem Konsulat in Verbindung setzen.

Diplomatische Vertretungen

Deutsches Konsulat, Calle Albareda 3/2, 35007 Las Palmas de Gran Canaria, Tel. 928 49 18 80, www.las-palmas.diplo.de

Österreichisches Konsulat, Hotel Eugenia Victoria, Avenida de Gran Canaria 26, 35300 Playa del Inglés, Tel. 928 76 25 00, www.bmeia.gv.at

Schweizer Konsulat, Urbanización Bahía Feliz, Edificio de Oficinas, Local 1, 35107 Playa de Tarajalillo, Gran Canaria, Tel. 928 15 79 79, www.eda.admin.ch

Besondere Verkehrsbestimmungen

Tempolimits (in km/h): Für Pkw, Motorräder und Wohnmobile bis 3,5 t gilt innerorts 50. Für Pkw und Motorräder gilt außerorts 90, auf Straßen mit mehr als einer Fahrspur in jeder Richtung und auf Schnellstraßen 100, auf Autobahnen 120. Für Pkw mit Anhänger gilt außerorts 70, auf Schnellstraßen und Autobahnen 80. Wohnmobile bis 3,5 t dürfen außerorts max. 80 fahren, auf Schnellstraßen und Autobahnen 90.

Überholverbot besteht 100 m vor Kuppen sowie auf Straßen, die nicht mindestens 200 m zu überblicken sind.

Es besteht *Anschnallpflicht*. *Motorradfahrer* müssen einen Sturzhelm tragen. *Abschleppen* durch Privatfahrzeuge ist verboten. *Telefonieren* während der Fahrt ist nur mit einer Freisprecheinrichtung erlaubt. Die Verwendung von Head-Sets und Ähnlichem ist verboten.

Die *Promillegrenze* liegt bei 0,5. Für Personen, die den Führerschein noch keine zwei Jahre besitzen, gilt 0,3 Promille.

Gelbe Linien (zick-zack oder unterbrochene) am Fahrbahnrand bedeuten *Parkverbot*. An blauen Markierungen ist das Parken zeitlich begrenzt, Beschilderung beachten!

Alle nach hinten über ein Fahrzeug hinausragenden Dachlasten und Ladungen müssen mit einer 50 x cm großen rot-weiß diagonal schraffierten *Warntafel* gekennzeichnet sein.

Das Tragen einer reflektierenden Warnweste beim Verlassen des Fahrzeuges im Falle einer Panne oder eines Unfalls außerhalb geschlossener Ortschaften ist vorgeschrieben.

Vor allem Geschwindigkeitsüberschreitungen und Alkoholdelikte werden mit hohen Geldbußen geahndet.

Zeit

WEZ, also MEZ minus 1 Stunde. Die Umstellung von Winter- und Sommerzeit erfolgt zum gleichen Zeitpunkt wie in Mitteleuropa.

Anreise

Flugzeug

Die Anreise nach Fuerteventura ist meist mit dem Flugzeug (ab Frankfurt/Main rund 4 Std.). *Charterflüge* von Mitteleuropa aus werden ganzjährig von den Fluggesellschaften bzw. den Reiseveranstaltern im Paket mit der Unterkunft angeboten, z. B. von Condor oder TUIfly.

Linienflüge: Air Berlin, Iberia und TUIfly bieten Flüge von deutschen Städten wie Berlin, Düsseldorf, Frankfurt und München.

Der **Flughafen** Puerto del Rosario (FUE) liegt 5 km südlich der gleichnamigen Hauptstadt. Von dort werden Pauschalreisende mit dem Bus abgeholt und zu ihren Hotels gefahren.

Flughafeninformation:
Tel. 902 40 47 04, www.aena.es

Linienbusse (*Guaguas*) fahren alle wichtigen Orte der Insel an. Auch Taxis (Festpreise bzw. Taxameter) sind ohne Probleme zu bekommen.

Von Fuerteventura aus gibt es regelmäßige Flugverbindungen zu den anderen Kanareninseln.

Schiff

Die Schiffsanreise plus Pkw ist möglich, aber nicht empfehlenwert. Informationen bei der Vertretung der Linie *Acciona Trasmediterránea* (www.trasmediterranea.es).

Passagierschiffe der Gesellschaften *Naviera Armas* (www.navieraarmas.com) und *Fred Olsen Line* (www.fredolsen.es) verkehren zwischen allen sieben Inseln des Kanarischen Archipels.

Regelmäßige **Fährverbindungen** gibt es ab *Corralejo* nach Playa Blanca auf Lanzarote [s. S. 21]. Ab *Puerto del Rosario* gibt es Fähren nach Las Palmas de Gran Canaria und nach Arrecife auf Lanzarote [s. S. 56]. Ab *Morro Jable* verkehren Fähren nach Las Palmas de Gran Canaria und weiter nach Teneriffa [s. S. 113].

Wer den Mietwagen mitnimmt, sollte unbedingt den Vertrag von der Leihfirma dafür abstempeln lassen, dann gilt die Versicherung auch für die Nachbarinsel.

Bank, Post, Telefon

Bank

Öffnungszeiten: Mo–Fr 9–14 Uhr. Geldinstitute gibt es in jedem Urlaubsort.

Post

Öffnungszeiten: Postämter *(Oficina de correios)* sind in der Regel Mo–Fr 9–14.30, Sa 9.30–13 Uhr geöffnet.

Pittoreske Ansicht – der Hafen von Corralejo in den Abendstunden

Ein Ausflug in den Südwesten von Lanzarote

Für einen Tagesausflug gut geeignet ist der südwestliche Teil von Fuerteventuras Nachbarinsel Lanzarote. Knappe 30 Minuten Fahrzeit benötigt die Fähre von Corralejo bis nach **Playa Blanca**. Der beliebte Urlaubsort hat sich vom einstigen Fischernest zu einer der größten Feriensiedlungen der Insel gewandelt. An der hübsch gestalteten Uferpromenade kann man gut flanieren und den herrlichen Blick aufs Meer genießen. Zahlreiche Cafés mit Terrassen im Freien locken zu einem *Café cortado* und einem Sandwich.

Wer nur wenig Zeit hat und keine anstrengende Autofahrt auf sich nehmen möchte, dem sei ein Bootsausflug zu den nahe gelegenen **Playas de Papagayo** empfohlen. Zu dem Naturschutzgebiet gehören die schönsten Strände der Insel wie die 400 m lange Playa de Mujeres oder die einsame Playa de Caletón.

Abwechslungsreicher gestaltet sich ein Ausflug mit einem in Playa Blanca gemieteten oder per Fähre mitgebrachten Leihwagen (Infos s. u.). In nordwestlicher Richtung (LZ-2 und LZ-703) sind die **Las Salinas de Janubio** besuchenswert. Die etwa 2 km große Salinenanlage wurde restauriert und ist wieder in Betrieb. Kleine Berge des ›weißen Goldes‹ reihen sich auf den Steinmauern der Verdampfungsbecken aneinander. Das so gewonnene Salz kann man vor Ort im **Almacén de la Sal de Las Salinas** (Tel. 928804398, www.salinasdejanubio.com, tgl. 7–15 Uhr) kaufen.

Weiter dem Verlauf der LZ-703 folgend erreicht man nach kurzer Fahrt ein beeindruckendes Naturschauspiel: **Los Hervideros**. Übersetzt heißen sie ›die Brodelnden‹ und ihr Name ist Programm. Die schäumenden Wassermassen des Atlantik peitschen hier spektakulär gegen die schwarzen Gesteinsmassen der Vulkangrotten.

Weitaus ruhiger geht es etwa 4 km weiter nördlich bei **El Golfo** zu. Vom oberhalb der Bucht gelegenen Parkplatz hat man einen schönen Blick auf die langgestreckte smaragdgrüne Lagune, die ein schwarzer Sand- und Kiesstrand säumt. Vom Aussichtspunkt ist ein Abstieg zum Strand nicht möglich, sodass ein Blick aus der Ferne genügen muss. Im nahen Ort **Casas de El Golfo** laden zahlreiche Fischrestaurants zur Einkehr.

Nach diesem Zwischenstopp gelangt man über die LZ-704 nach **Yaiza**. Das malerische Dorf gilt als einer der schönsten Orte Lanzarotes und ist das Verwaltungszentrum des Südens. An der länglichen Plaza de los Remedios erhebt sich die im 17. Jh. errichtete schlichte Pfarrkirche Nuestra Señora de los Remedios. Das Kircheninnere beeindruckt mit seiner bunt bemalten Mudéjar-Decke und der neoklassizistischen Hochaltarwand. Am westlichen Platzende beherbergt das Geburtshaus des Literaten und Politikers Benito Perez Armas die *Casa de la Cultura* (Mo–Fr 9–13 und 17–19 Uhr). Ein Abstecher führt zur Galeria Yaiza (Tel. 928830275,

Der frisch herausgeputzte Jachthafen von Playa Blanca mit seinen 500 Liegeplätzen sowie Restaurants und Bars

Mo–Sa 17–19 Uhr). In dem von César Manrique gestalteten Bauernhaus werden Zeichnungen, Grafiken sowie Fotografien einheimischer Künstler in wechselnden Ausstellungen präsentiert.

Die Hauptattraktion von **Uga** nur 2 km weiter westlich ist die dortige Dromedarzucht. Äußerst beliebt ist eine Ausflugstour auf dem Rücken der einhöckrigen Gesellen durch die faszinierende Landschaft der Feuerberge, der zum Nationalpark erklärten Montañas del Fuego. Allerdings führt der Ausritt aus Naturschutzgründen lediglich durch ihre Ausläufer.

Wer dem Nationalpark einen längeren Besuch abstatten möchte, plant in Yaiza eine Übernachtung ein (z. B. im Hotel La Casona de Yaiza, Calle El Rincón 11, Tel. 928 83 62 62, www.casonadeyaiza.com). Am anderen Morgen fährt man dann ausgeruht auf der LZ-67 zunächst zum **Centro Visitantes Mancha Blanca** (tgl. 9–16.30 Uhr), um dort mithilfe von Schautafeln und 3D-Modellen einen Einblick in die faszinierende Welt der Vulkane zu erhalten. Anschließend kann man an einer geführten Wanderung teilnehmen (Anmeldung beim Centro Visitantes) oder aber die Feuerberge per Bus erkunden. Die etwa 45 Min. dauernde Fahrt führt zu allen Highlights wie der Montaña Rajada, der Naturgrotte Barranco del Fuego oder dem mit 510 m höchsten Vulkan der Gegend, dem Timanfaya.

In **Mancha Blanca** selbst sollte die 1781 errichtete Wallfahrtskirche Nuestra Señora de los Dolores auf dem Programm stehen. Der wuchtige Bau in weißem Gewand birgt in seinem Inneren eine kostbar mit Samt und Seide ausstaffierte Madonnenstatue. Am 16. April 1736 soll sie die während eines Vulkanausbruches herunterströmenden Lavaströme kurz vor dem Dorf zum Stehen gebracht haben, welches ihr den Beinamen Virgen de los Volcanes zutrug.

Auf der Rückfahrt nach Playa Blanca erreicht man über die kleinere Nebenstraße LZ-702 **Femés**. Der kleine Ort wird auch ›Balkon des Rubicón‹ genannt, da man wegen seiner erhöhten Lage großartige Ausblicke auf die Halbinsel genießt. Sehenswert ist hier die im Jahr 1733 geweihte weiße Wallfahrtskirche Iglesia de San Marcial de Rubicón.

Infos: Die beiden Schifffahrtsgesellschaften Fred Olsen (Tel. 922 62 82 00, www.fredolsen.es) und Naviera Armas (Tel. 902 45 65 00, www.navieraarmas.com) bieten mehrmals täglich Fahrten von Corralejo nach Playa Blanca und zurück. Am Hafen von Playa Blanca sind die international bekannten Autovermietungen vor Ort.

Die Lavalandschaft des Parque Nacional de Timanfaya changiert in vielen Farbtönen

Briefmarken (*Sellos*): bei der Post, in Tabakläden (*Estancos*), beim Postkartenkauf am Kiosk, z.T. an Hotelrezeptionen. *Briefkästen (Buzón):* gelb mit rotem Posthorn.

Telefon

Internationale Vorwahlen:
Spanien 00 34
Deutschland 00 49
Österreich 00 43
Schweiz 00 41

Die frühere Inselvorwahl 928 ist fester Bestandteil jeder Telefonnummer und muss immer mitgewählt werden.

Von den meisten **Telefonzellen** (*Cabina telefónica*) kann man mit Telefonkarte, Kreditkarte oder Münzen telefonieren. **Telefonkarten** (*Tarjeta telefónica*) ab 6 Euro kauft man bei der Telefongesellschaft Telefónica oder in autorisierten Geschäften. Das **Mobilfunknetz** ist flächendeckend ausgebaut.

Die ›Schöne‹ und die ›Schwarze‹ – kulinarische Köstlichkeiten Fuerteventuras

Die Küche Fuerteventuras ist recht abwechslungsreich. Sie basiert auf bäuerlicher altkanarischer Tradition, wurde aber auch durch die Essgewohnheiten jener Nationalitäten beeinflusst, deren Schiffe hier auf der Insel Zwischenstation zu machen pflegten.

Hotelgästen wird heutzutage in den meisten Fällen spanische Küche mit kanarischem Einschlag geboten, häufig gibt es in den Restaurants der Ferienunterkünfte aber auch internationale Speisen.

Wie auf allen Kanarischen Inseln steht auch auf Fuerteventura viel frisches Gemüse auf dem Speiseplan, vor allem beim fantasiereichen **Puchero canario**, ohne den jedes kanarische Menü unvollkommen wäre. Es handelt sich dabei um einen Eintopf aus Kichererbsen, Karotten, Zwiebeln, Stachelgurken (Chayote-Frucht), grünen Bohnen, Kartoffeln, Süßkartoffeln (Bataten), Kürbis, Bubangos (den Zucchini ähnlich, nur heller und saftiger), Mais und Kohl. Hinzu kommt Rind-, Hammel-, Schweinefleisch oder Huhn, und als Würze dient eine pikante Blut- und Paprikawurst, z.B. **Chorizo**, seltener Speck und Rippe. Auf keinen Fall fehlen dürfen Knoblauch, Safran, Kreuzkümmel und Petersilie. Serviert wird der Puchero mit dem unentbehrlichen **Gofio**, Mehl aus getrocknetem, dann geröstetem und gemahlenem Weizen und/oder Mais. Schon bei den Altkanariern war er Grundbestandteil der Nahrung. Mit dem steigenden Interesse der Besucher an einheimischer Küche erlebt der Gofio auch in Restaurants eine Renaissance. Original kommt der Puchero mit **Mojo**, einer oft selbst gemachten, sehr scharfen Paprikasoße, oder gewürzt mit Korianderkraut, als **Mojo picón** oder **Mojo verde** auf den Tisch.

Eine ganz wichtige Rolle bei der täglichen Speiseplanung spielen Kartoffeln (**Papas**). Etwa 50 Sorten soll es insgesamt auf den Kanarischen Inseln geben. Für gute Köche sind aber nur zwei von Bedeutung: die **Bonita** und die **Negra** (die ›Schöne‹ und die ›Schwarze‹). **Papas Arrugadas**, schwarze kleine Runzelkartoffeln mit einer Salzkruste, kennt inzwischen wohl jeder Kanaren-Urlauber. Sie werden in Mojo getaucht und mit der Schale gegessen. **Papas Arrugadas con Mojo** muss man heutzutage in fast allen Restaurants als Beilage separat ordern – was gar nicht billig ist!

Die feineren Restaurants der Insel haben die Rezepte aus Großmutters Küche etwas leichter gemacht bzw. entfettet. Bei den ländlichen Fleischgerichten dominieren Zicklein (**Cabrito**) und Lamm (**Cordero**), immer reichlich mit Knoblauch gewürzt. Für die Schärfe sorgen Pfeffer und Paprika, grobes Meersalz darf nicht fehlen, an Kräutern werden Koriander, Thymian und Oregano bevorzugt. In den Touristenzentren, vor allem in Corralejo und Jandía Playa, wird man außerdem viele **Steakhäuser** nach süd- und mittelamerikanischer Tradition finden, deren Köche Fleisch hervorragend zuzubereiten wissen.

In den Küstenorten Fuerteventuras dominieren Fisch (**Pescado**) und Meeresfrüchte (**Mariscos**) die einfache Küche. Es gibt z.B. gekochten Wrackbarsch, Stockfisch (**Bacalao**) mit Salzkartoffeln sowie gekochten und mit einem Schuss Olivenöl und Mojo verde servierten **Vieja**, den beliebtesten Fisch

Einkaufen

Öffnungszeiten: Meist Mo–Fr 9/10–13 und 17–20, Sa 9–13 Uhr. In den Urlaubszentren sind Souvenirgeschäfte und Supermärkte auch Sa 17–20 Uhr oder ganztägig sowie auch So geöffnet.

In den **Souvenirgeschäften** der Urlaubsorte und in Puerto del Rosario kann man echtes einheimisches Kunsthandwerk, Töpferwaren und Stickereien, erstehen. Originalerzeugnisse gibt es vor allem in der Stickereischule in Lajares [s. S. 28 f.] und in Antiguas Haus der Kunsthandwerker [s. S. 64 f.].

Noch ein Tipp: Parfüm, Spirituosen und Zigaretten kann man relativ günstig in den Supermärkten von Puerto del Rosario, Corralejo, Playa Jandía und Morro Jable kaufen, am Flughafen von Puerto del Rosario sind diese Waren um ein Drittel teurer.

der Kanaren aus der Familie der Papageifische. Frischer Fisch ist fast immer eine Köstlichkeit, sei er nur kurz gebraten (**a la plancha**) oder in Öl ausgebacken (**frito**) – da braucht man kaum noch Gewürze und Kräuter. Gerne werden auch Platten mit verschiedenen Fischen (**Frito misto**) angeboten, doch sollte man bedenken, dass hierfür eher selten frischer Fisch verwendet wird.

Aufwendiger in der Zubereitung und als Gericht entsprechend teurer ist die **Cazuela de Pescado**. Diese volkstümliche Fischsuppe wird in der Regel aus Kopf und Schwanz eines großen Fisches zubereitet und in einem Sud aus Zwiebeln, frischen Tomaten, Paprika, Olivenöl und Weißwein gekocht. Feinere Rezepte verlangen zusätzlich Scheiben von Brasse, Barsch und Kabeljau. **Caldo de Pescado** heißt der gehaltvolle, sehr leckere Fischeintopf aus Fischresten und ein wenig Fischfleisch.

Egal ob frisch oder gelagert, der aromatische Ziegenkäse aus Fuerteventura, der **Queso majorero**, ist eine Spezialität, die jeder Urlauber mindestens einmal probieren sollte.

Zum Essen kann man einen kanarischen **Wein** bestellen. Am besten munden die lanzaroteñischen Tropfen aus der Gegend um La Geria, etwa der berühmte ›El Grifo‹. **Bier**, cerveza, gibt es natürlich auch. Keine Marke dieser Welt scheint auf der touristisch geprägten Insel Fuerteventura zu fehlen, aber es gibt selbstverständlich auch die preiswerteren spanischen Marken. So zum Beispiel ›Dorada especial‹, das in Santa Cruz auf Teneriffa gebraut wird.

Den Nachtisch lieben die Einheimischen sehr süß. Eine besondere kanarische Spezialität bestehend aus Mandelmus mit cremig gerührtem Honig ist **Bienmesabe**, was so viel heißt wie ›Es schmeckt mir gut!‹. Darüber hinaus gibt es **Turrón**, eine Art Nougat aus Eiern, Mandeln und Zucker, ferner **Flan**, Vanillepudding mit Karamell, frisches Obst oder Eiscreme.

Papas Arrugadas – die Kartoffeln in Salzkruste gehören zu den kulinarischen Lieblingen

Essen und Trinken

Was heißt das?

Deftige Hausmannskost wird auf Fuerteventura mit dem Schild **Comidas Caseras** angekündigt. **Piscolabis** sind hier die kalten und warmen Kleinigkeiten wie *Tapas* oder belegte Brötchen.

In einer **Casa de Comidas** gibt es etwas zu essen, auch wenn es manchmal nicht so aussieht, weil sich das eigentliche Lokal in einem Hinterzimmer befindet. Etwas feiner ausgestattet ist normalerweise ein **Comedor**, was Ess- oder Speiseraum bedeutet.

Essgewohnheiten

Zum Frühstück gehen die Einheimischen in die nächste **Bar** und trinken dort einen **Café**, der wie ein italienischer Espresso aussieht und häufig in einem kleinen Glas serviert wird. Mit ein wenig Milchschaum obenauf wird er zum **Café cortado**, also einem ›gekürzten‹, mit einem Schuss **Coñac** zu einem **Carajillo**. Vorsicht: Es gibt im Spanischen ähnlich klingende Flüche und Vulgärwörter! Zum Kaffee bestellt man süßes Gebäck oder ein Sandwich. Urlaubern hingegen wird in den meisten Hotels ein reichhaltiges Frühstücksbüffet geboten.

Mittags bis 14/15 Uhr und abends bis 22/23 Uhr bieten Restaurants aller Kategorien mehrgängige Menüs an. Zur Mittagszeit immer gut besucht sind vor allem die *Tapas-Bars*. Hier gibt es praktisch alles, meist nicht nur in jenen **Tapas** genannten winzigen Portionen, sondern vornehmlich als **Media Ración**, halbe Portion, oder als **Ración** auf einem großen Teller. Die riesige Auswahl reicht von der spanischen **Tortilla**, einer Art Quiche aus Kartoffeln mit Eiern über sauer eingelegte Sardinen (**Boquerones**) und Tintenfischsalat (**Ensalada de Pulpos**) bis zum sogenannten Russischen Salat (**Ensalada rusa**) mit Wurzelgemüse, Erbsen, Eiern und Kartoffeln in viel Mayonnaise.

Feiertage

1. Januar: Neujahr (*Año nuevo*), 6. Januar: Dreikönigsfest (*Los Reyes Magos*), März/April: Karfreitag (*Viernes Santo*), 1. Mai: Mai-Feiertag (*Fiesta del Trabajo*), 25. Juli: Sankt-Jakob-Tag (*Santiago*), 15. August: Mariä Himmelfahrt (*Asunción*), 12. Oktober: Nationalfeiertag (Entdeckung Amerikas/*Día de la Hispanidad*), 1. November: Allerheiligen (*Todos los Santos*), 6. Dezember: Tag der Verfassung (*Día de la Constitución*), 8. Dezember: Mariä Empfängnis (*Inmaculada Concepción*), 25./26. Dezember: Weihnachten (*Navidad*).

Festivals und Events

Während der *Semana Santa*, der Heiligen Woche vor **Ostern**, und in der Woche danach finden viele religiöse Feierlichkeiten statt. Jedes Dorf zelebriert dann sein eigenes Fest – und auf der Insel geht dann so ziemlich gar nichts mehr seinen gewohnten Lauf.

Wer eines der zahlreichen, das ganze Jahr über stattfindenden Dorf- oder Patronatsfeste besuchen möchte, sollte sich zu

Allerlei inseltypische Köstlichkeiten bietet die Casa Santa María in Betancuria

Beginn des Urlaubs nach den aktuellen Terminen erkundigen. Hier eine Auswahl:

Januar

5.1.: Die Heiligen Drei Könige ziehen bei der **Cabalgada de los Reyes Magos** auf Eseln durch die Ortschaften.

Januar/Februar

Karnevalsumzug und Maskenbälle vor allem in Puerto del Rosario.

Mai/Juni

Zu Fronleichnam, **Día del Corpus Cristi**, werden mancherorts Bilderteppiche aus gefärbtem Salz hergestellt, über die dann die abendliche Prozession zieht (Termine bitte bei den jeweiligen Touristenbüros erfragen).

Juli

14./15.7.: **Fiesta de San Buenaventura** in Betancuria zur Erinnerung an die Aufnahme Fuerteventuras in das Königreich Kastilien (1456); die Prozession mit der Fahne der Eroberer zieht durch die Straßen der Stadt.

16.7.: Corralejo und Morro Jable, einst die bedeutendsten Fischerorte der Insel, begehen das Fest ihrer Schutzpatronin, der **Nuestra Señora del Carmen**, mit farbenprächtigen Schiffsprozessionen.

September

8.9.: **Mariä Geburt**.

3. Samstag: Fuerteventuras größte Wallfahrt (**Romería**) führt aus allen Teilen der Insel zur Inselheiligen **Virgen de la Peña** bei Vega de Río Palmas.

September/Oktober

29.9.–12.10.: **Fiesta de San Miguel** in Tuineje, zu Ehren des Schutzpatrons, der den Ort am 12. Oktober 1740 in der Schlacht von Tamasite vor den Korsaren gerettet haben soll. Bei diesem Fest wird die historische Schlacht nachgespielt.

Oktober

7.10.: Patronatsfest **Nuestra Señora del Rosario** mit Prozession in Puerto del Rosario.

Dezember

24.12.: **Rancho de Pascua** in Antigua, Pájara und Tiscamanita, mit ›lebender Krippe‹, Folklore, Prozession, Mitternachtsmesse und **Verbena** (Festlichkeiten) mit Musik, Tanz und Essen bis in den Morgen hinein.

Mit einem Prozessionsumzug wird die Fiesta del Carmen in Morro Jable gefeiert

Klima und Reisezeit

Fuerteventura ist rund ums Jahr ein gutes Reiseziel, es herrschen stets mittlere Temperaturen um 20 °C. Im Gegensatz zu Gran Canaria, wo die Wolken an hohen Bergen hängen bleiben können und es zwischen Oktober und März gelegentlich ordentlich regnet, fallen auf Fuerteventura wegen der niedrigen Erhebungen nur wenig Niederschläge. Die ausgeglichensten Urlaubsmonate sind März bis Juli. Die Wassertemperatur beträgt im Sommer ca. 22 °C, im Winter 19 °C.

Da auf der Insel ständig Wind weht, ist Vorsicht geboten: Aufgrund dieser Brise spürt man die starke Sonneneinstrahlung erst mit dem Sonnenbrand. Und Surfer sollten sich genau erkundigen, wo sie ihrem Sport ohne Gefahr frönen können.

Klimadaten Puerto del Rosario

Monat	Luft (°C) min./max.	Wasser (°C)	Sonnen-std./Tag	Regen-tage
Januar	12/19	18	6,4	3
Februar	12/19	18	7,2	2
März	13/20	17	7,7	1
April	13/21	17	8,1	1
Mai	15/23	18	8,7	1
Juni	16/24	20	9,0	0
Juli	18/27	20	9,5	0
August	19/27	21	9,6	0
September	18/26	22	7,6	0
Oktober	17/24	22	7,0	1
November	15/21	20	6,1	3
Dezember	13/19	19	6,1	3

Kultur live

Auch auf Fuerteventura wird die **Lucha Canaria**, der Ringkampf der Altkanarier, gepflegt, den man sich auch als Besucher einmal angeschaut haben sollte. Allerdings gibt es nur wenige *Terreros*, Hallen mit der kreisrunden, mit Sand bestreuten Arena. Allen voran ist die Arena von **Puerto del Rosario** direkt neben der Pfarrkirche zu nennen. Die Wettkämpfe finden zwischen Freitag und Sonntag statt, bei Endausscheidungen aber auch an anderen Wochentagen. Auskünfte über Veranstaltungen erhält man am zuverlässigsten in den Bars der jeweiligen Orte. **Museen** sind meist Di–Sa 10–18 Uhr geöffnet, einige von ihnen auch So.

Nachtleben

Ein Dorado für Nachtschwärmer ist Fuerteventura nicht unbedingt. In der Regel muss man sich mit Hotelbars und ein paar wenigen sog. Disco-Pubs in **Corralejo, Jandía Playa** sowie **Puerto del Rosario** begnügen (s. *Praktische Hinweise*).

Sport

Golf

Fuerteventura Golf Club, Playa la Guirra, Caleta del Fuste, Tel. 928 16 00 34, www.fuerteventuragolfclub.com. 18-Loch-Anlage mit drei Seen und einer Bahnlänge von etwa 6200 m.

Golf Club Salinas de Antigua, Caleta del Fuste, Tel. 928 87 72 72, www.salinasgolf.com. 18-Loch-Platz.

Playitas Golf Club, Las Playitas Grand Resort, Tel. 928 86 04 00, www.playitas.info

Radsport

Fuerteventura gilt wegen seiner meist nur leicht steigenden Straßen und der ständigen Brise als ideales Revier für Radfahrer. Viele Aktivurlauber bringen ihren eigenen Drahtesel mit. Es gibt aber auch Verleihstellen, die sogar Touren organisieren. Alle Clubhotels mit großem Sportangebot stellen Leihfahrräder zur Verfügung, Aldiana bietet auch geführte Mountainbiketouren an.

Reiten

Gute Adresse in La Pared:

Rancho Barranco de los Caballos SL, Puerto Nuevo, La Pared, Pájara, Tel. 928 17 41 51, www.reiten-fuerte.de

Segeln und Surfen

Der ständige Passatwind bietet Seglern und Windsurfern ganzjährig günstige Bedingungen. Schulen gibt es in Corralejo und Jandía, La Pared und an der Costa Calma. Empfehlenswerte Adressen:

Im Norden

Flag Beach Windsurf and Kitesurf Centre, Apto de Correos 285, Corralejo, Tel. 928 86 63 89, www.flagbeach.com

Romantisches Ambiente – Hafenrestaurant im Abendlicht in Caleta de Fuste

Die reizvolle Küstenlandschaft bei La Pared lässt sich hoch zu Ross gut erkunden

Fuerte Fun Center, Avenida Grandes Playas 131 (Hafennähe), Corralejo, Tel. 928 53 59 99, www.fuerte-surf.com

Red Shark Kite & Surf School, beim Aparthotel Caleta del Mar, Corralejo, Tel. 928 86 75 48, www.redsharkfuerteventura.com. Kite- und Surfschule.

Ventura Surf Center, Avenida Maritima 42, Corralejo, Tel. 928 86 62 95, www.ventura-surf.com

Im Süden

Club Aldiana, Playa de Jandía, Morro Jable, Tel. 928 16 98 70, www.aldiana.de

Fuerte Fun Center, Hotel Mónica Beach, Costa Calma, Tel. 928 53 59 99, www.fuerte-surf.com

René Egli, Hotel Meliã Gorriones, Playa Sotavento, Tel. 928 54 74 83, www.rene-egli.com

Robinson Club Esquinzo Playa, Calle Gran Canaria 2, Pájara Urb. Butihondo, Tel. 018 03/76 24 67 (0,09 €/Min.), www.robinson.com

Wave Guru, Avenida del Istmo 17, La Pared, Tel. 928 54 91 22, www.waveguru.de

Auch Bodysurfer kommen auf Fuerteventura auf ihre Kosten. Man trifft sie überall dort, wo an einsamen Küsten die Wellen am höchsten schlagen: etwa südlich von El Cotillo, bei La Pared und an der Playa de Barlovento vor Cofete.

Tauchen und Schnorcheln

Vor allem im Norden Fuerteventuras, in der Meerenge El Río, gibt es gute Tauchreviere. Doch die Tauchschulen dürfen dort niemanden mehr unterrichten, weil es sich um ein strenges Naturschutzgebiet handelt. Ebenso wie die Segel- und Surfschulen (s. o.) bieten sie aus diesem Grund beispielsweise Kurse an der Nordwestküste an.

Die Tauchschulen im Süden der Insel sind meist den Hotels angeschlossen.

Im Norden

Dive Center Corralejo, Calle Nuestra Señora del Pino 22, Corralejo, Tel. 928 53 59 06, www.divecentercorralejo.com

Padi Resort Punta Amanay, Calle El Pulpo L5, Corralejo, Tel. 928 53 53 57, www.tauchen-fuerteventura.de

Volle Fahrt voraus – riesigen Spaß verspricht ein Segeltörn vor Fuerteventuras Südküste

Im Süden

Acuarios Jandía, Sotavento Beach Club, Costa Calma, Tel. 928 87 60 69, www.acuarios-jandia.com

Felix, Avenida del Saladar 9, Morro Jable, Tel. 928 54 14 18, www.tauchen-fuerteventura.com

Wandern

Fuerteventura ist ein abwechslungsreiches Wandergebiet. Man kann Touren entlang der kilometerlangen Strände und durch Dünenregionen unternehmen, den höchsten Berg, Pico de Jandía (807 m), oder den ›Heiligen Berg‹ Tindaya (397 m) mit seinen altkanarischen Felsritzungen erklimmen (unbedingt Kopfbedeckung und genug Trinkwasser mitnehmen!).

Es ist schwierig, in den Touristenbüros genaue Informationen zu erhalten. So hat man meist die Garantie, am Ziel fast allein zu sein. Manchmal jedoch organisieren die Clubhotels Wanderungen. Geführte Wanderungen mit Transfer und Imbiss bietet TimeforNature an, Tel. 928 87 25 45, www.timefornature.de.

Statistik

Lage: Fuerteventura liegt in etwa auf dem 28. Grad nördlicher Breite und zwischen dem 13. und 14. Grad westlicher Länge und mit 115 km Entfernung recht nahe am afrikanischen Kontinent.

Verwaltung: Die Insel gehört mit Lanzarote und Gran Canaria zur Ostprovinz der spanischen, weitgehend autonomen Region Las Canarias. Provinzhauptstadt ist Las Palmas de Gran Canaria. Fuerteventura ist in sechs Verwaltungsbezirke eingeteilt: Puerto del Rosario, Antigua, Betancuria, La Oliva, Pájara und Tuineje/Gran Tarajal.

Fläche: 1722 km^2 und damit zweitgrößte Kanareninsel. Die max. Länge Fuerteventuras beträgt 94 km, die Breite 28 km.

Bevölkerung: Etwa 103 200 Menschen leben auf Fuerteventura. Nach vielen Auswanderungswellen in der Vergangenheit hat sich die Bevölkerungszahl dank des Tourismus deutlich erhöht.

Hauptstadt: Puerto del Rosario, etwa 35 700 Einwohner.

Wirtschaft: Der Tourismus, die wichtigste Einnahmequelle Fuerteventuras, konnte die Abwanderung stoppen und das Inselleben erhalten. Die Landwirtschaft ist aufgrund der klimatischen Verhältnisse und des geringen Anteils an fruchtbarem Boden auf Ziegen bzw. Ziegenkäse und Tomaten ausgerichtet.

Unterkunft

Hotels und Pensionen

Die meisten Hotels und Apartmentanlagen stehen in und südlich von Corralejo im Norden sowie im Süden an der Jandía

Die Strandpromenade von Jandía Playa verlockt zu einem Spaziergang unter Palmen

In Antigua lockt das hübsche Landhotel Era de la Corte zur Einkehr

Playa und an der Costa Calma. In den Urlaubszentren dominieren große Unterkünfte. Pensionen sind selten, am ehesten findet man sie in Corralejo und Morro Jable. Noch seltener sind Privatzimmer.

Turismo Rural

Auch auf Fuerteventura ist der Turismo Rural, Ferien auf dem Lande, eine attraktive Urlaubsvariante. Informationen über seine Unterkünfte und Leistungen gibt:

Fuerteventura Rural, Calle Fransisco Fuentes, La Oliva, Tel. 902 15 72 81, www.ecoturismocanarias.com/fuerteventura

Verkehrsmittel im Land

Bus

Busse zählen neben den Mietwagen zu den Hauptverkehrsmitteln auf Fuerteventura. Von allen Urlaubsorten aus, vor allem ab Corralejo und Morro Jable, bestehen gute Verbindungen zur Inselhauptstadt Puerto del Rosario. Von dort wiederum gibt es Anschlüsse zu allen anderen wichtigen Orten der Insel. In jedem gut geführten Hotel oder in den Informationsbüros erhält man die aktuellen Busfahrpläne.

Mietwagen

Der Führerschein muss mindestens ein Jahr im Besitz, der Fahrer über 21 Jahre alt sein. Autos aller Klassen erhält man am Flughafen und in den Urlaubszentren. Ein Preisvergleich lohnt sich immer, da manche Firmen zwar einen hohen Tagessatz verlangen, dieser jedoch Haftpflichtversicherung, Vollkasko, Insassenversicherung und Mehrwertsteuer beinhaltet. Bei günstigeren Tagessätzen kommen die Kosten erst bei Vertragsabschluss hinzu. Die meisten Verträge werden ohne Kilometerbegrenzung angeboten.

Grundsätzlich sollte vor Vertragsabschluss das Reifenprofil geprüft werden. Und wer auf Nummer sicher gehen will, macht eine kurze Probefahrt, um Bremsen, Kupplung und Lenkung zu testen.

Das Fahrzeug wird häufig mit fast leerem Tank übergeben, sodass man sich zuerst mit Benzin versorgen muss. Also unbedingt den Stand der Tankanzeige auf dem Vertrag vermerken lassen, sonst zahlt man möglicherweise bei der Rückgabe drauf. So abgesichert kann man das Auto ebenfalls mit fast leerem Tank zurückgeben.

Pauschalreisende können bei ihrem Reiseveranstalter mit dem Urlaub auch den Leihwagen buchen.

ADAC-Mitglieder können über die Geschäftsstellen oder unter Tel. 018 05/31 81 81 (0,14 €/Min.) einen Mietwagen vorbuchen.

Hinweis: Auf Fuerteventura wurden alle Straßen mit neuen FV-Nummern versehen, auf älteren Autokarten stehen aber noch die alten GC-Nummern. Doch die Hinweisschilder zu den Orten sind meistens eindeutig.

Taxi

Es kostet nicht viel, auf Fuerteventura ein Taxi zu mieten. In der Regel wird nach Taxameterstand bezahlt, bei größeren Touren kann man vorher einen Pauschalpreis aushandeln.

Für manch holprige Piste im Inselinneren ist ein Jeep das einzig richtige Fahrzeug

Sprachführer

Spanisch für die Reise

Das Wichtigste in Kürze

Ja/Nein	*sí/no*
Bitte/Danke	*por favor/gracias*
In Ordnung!/ Einverstanden!	*¡Está bien!/ ¡De acuerdo!*
Entschuldigung!	*¡Perdón!*
Wie bitte?	*¿Cómo dice/dices?*
Ich verstehe Sie nicht.	*No le entiendo.*
Ich spreche nur wenig Spanisch.	*Hablo sólo un poco de español.*
Können Sie mir bitte helfen?	*¿Puede ayudarme, por favor?*
Das gefällt mir (nicht).	*(No) Me gusta.*
Ich möchte ...	*Quisiera ...*
Haben Sie ...?	*¿Tiene Usted ...?*
Gibt es ...?	*¿Hay ...?*
Wie viel kostet das?	*¿Cuánto cuesta?*
Wie teuer ist ...?	*¿Qué precio tiene ...?*
Kann ich mit Kreditkarte bezahlen?	*¿Puedo pagar con la tarjeta de crédito?*
Wie viel Uhr ist es?	*¿Qué hora es?*
Guten Morgen!	*¡Buenos días!*
Guten Tag!	*¡Buenos días!/ ¡Buenas tardes!*
Guten Abend!	*¡Buenas tardes!*
Gute Nacht!	*¡Buenas noches!*
Hallo!/Grüß Dich!	*¡Hola!/¿Qué tal?*
Wie ist Ihr Name, bitte?	*¿Cómo se llama Usted, por favor?*
Mein Name ist ...	*Me llamo ...*
Ich bin Deutsche(r)	*Soy aleman(a)*
Ich komme aus Deutschland	*Soy de Alemania.*

Zahlen

0	*zero*	19	*diecinueve*
1	*uno*	20	*veinte*
2	*dos*	21	*veintiuno, -a*
3	*tres*	22	*veintidós*
4	*cuatro*	30	*treinta*
5	*cinco*	40	*cuarenta*
6	*seis*	50	*cincuenta*
7	*siete*	60	*sesenta*
8	*ocho*	70	*setenta*
9	*nueve*	80	*ochenta*
10	*diez*	90	*noventa*
11	*once*	100	*cien, ciento*
12	*doce*	200	*doscientos, as*
13	*trece*	1 000	*mil*
14	*catorce*	2 000	*dos mil*
15	*quince*	10 000	*diez mil*
16	*dieciséis*	1000 000	*un millón*
17	*diecisiete*	½	*medio*
18	*dieciocho*	¼	*un cuarto*

Wie geht es Ihnen?	*¿Qué tal está Usted?*
Auf Wiedersehen!	*¡Adiós!*
Tschüs!	*¡Hasta luego!*
Bis bald!	*¡Hasta pronto!*
Bis morgen!	*¡Hasta mañana!*
gestern/heute/morgen	*ayer/hoy/mañana*
am Vormittag/ am Nachmittag	*por la mañana/ por la tarde*
am Abend/ in der Nacht	*por la tarde/ por la noche*
um 1 Uhr/2 Uhr usw.	*a la una/a las dos ...*
um ... Uhr 30	*a la/las ... y media*
Minute(n)/Stunde(n)	*minuto(s)/hora(s)*
Tag(e)/Woche(n)	*día(s)/semana(s)*
Monat(e)/Jahr(e)	*mes(es)/año(s)*
heiß/kalt	*caliente/frio*
gutes Wetter/ schlechtes Wetter	*buon tiempo/ mal tiempo*

Wochentage

Montag	*lunes*
Dienstag	*martes*
Mittwoch	*miércoles*
Donnerstag	*jueves*
Freitag	*viernes*
Samstag	*sábado*
Sonntag	*domingo*

Monate

Januar	*enero*
Februar	*febrero*
März	*marzo*
April	*abril*
Mai	*mayo*
Juni	*junio*
Juli	*julio*
August	*agosto*
September	*septiembre*
Oktober	*octubre*
November	*noviembre*
Dezember	*diciembre*

Maße

Kilometer	*kilómetro(s)*
Meter	*metro(s)*
Zentimeter	*centímetro(s)*
Kilogramm	*kilogramo(s)*
Pfund	*medio kilo*
Gramm	*gramo(s)*
Liter	*litro(s)*

Unterwegs

Nord/Süd/West/Ost	*norte/sur/oeste/este*
oben/unten	*arriba/abajo*
geöffnet/geschlossen	*abierto/cerrado*
geradeaus/ links/ rechts/ zurück	*derecho/ a la izquierda/ a la derecha/ atrás*
nah/weit	*cerca/lejos*
Wie weit ist das?	*¿A qué distancia está?*
Wo sind die Toiletten?	*¿Dónde están los aseos?*
Bitte, wo ist die (der) nächste ... Telefonzelle/ Bank/Polizei/ Post/ Geldautomat?	*Por favor, ¿dónde está ... la cabina telefónica/ el banco/la policía/ el correo/ el cajero automático más cerca?*
Wo ist ... der Hauptbahnhof/ die Busstation/ der Flughafen?	*¿Dónde está ... la estación central/ la estación autobus/ el aeropuerto?*
Wo finde ich ... eine Apotheke/ eine Bäckerei/ Fotoartikel/ ein Kaufhaus/ ein Lebensmittelgeschäft/ den Markt?	*¿Dónde está ... una farmacia/ una panadería/ los artículos fotográficos/ unos grandes almacenes/ un supermercado/ el mercado?*
Ist das der Weg/ die Straße nach ...?	*¿Es éste el camino/ la carretera a ...?*
Ich möchte mit ... dem Zug/dem Schiff/ der Fähre/ dem Flugzeug nach ... fahren.	*Quisiera ir en ... tren/barco/ ferry/ avión a ...*
Gilt dieser Preis für Hin- und Rückfahrt?	*¿Es el precio de ida y vuelta?*
Wie lange gilt das Ticket?	*¿Hasta cuándo está válido el billete?*
Wo ist das Fremdenverkehrsamt/ ein Reisebüro?	*¿Dónde está la oficina de turismo/ una agencia de viajes?*
Ich benötige eine Hotelunterkunft	*Necesito una habitación en un hotel.*
Wo kann ich mein Gepäck lassen?	*¿Dónde puedo dejar mi equipaje?*

Notfälle

Ich möchte eine Anzeige erstatten	*Quisiera hacer una denuncia.*
Man hat mir ... Geld/die Tasche/ die Papiere/ die Schlüssel/ den Fotoapparat/ den Koffer/ das Fahrrad gestohlen.	*Me han robado ... dinero/el bolso/ los documentos/ las llaves/ la cámera/ la maleta/ la bicicleta.*
Verständigen Sie bitte das Deutsche Konsulat.	*Por favor, informe al Consulado Alemán.*

Freizeit

Ich möchte ein ... Fahrrad/ Motorrad/ Surfbrett/ Mountainbike/ Boot mieten.	*Quisiera alquilar ... una bicicleta/ una motocicleta/ una tabla de surf/ un mountain bike/ un barco.*
Gibt es ein(en) ... Freizeitpark/ Freibad/ Golfplatz in der Nähe?	*¿Hay en la cercanía ... un parque de atracciones/ una piscina pública/ un campo de golf?*
Wo gibt es die nächste Bademöglichkeit?	*¿Dónde hay una posibilidad de bañarse?*
Wo ist der nächste Strand?	*¿Dónde está la playa más cerca?*
Wann hat ... geöffnet?	*¿Qué horario tiene ...?*

Bank, Post, Telefon

Brauchen Sie meinen Ausweis?	*¿Necesita Usted mi carnet de identidad?*
Wo soll ich unterschreiben?	*¿Dónde tengo que firmar?*
Wie lautet die Vorwahl für ...?	*¿Cómo es el prefijo de...?*
Wo gibt es ... Telefonkarten/ Briefmarken?	*¿Dónde puedo conseguir ... tarjetas para el teléfono/ sellos?*

Tankstelle

Wo ist die nächste Tankstelle?	*¿Dónde está la gasolinera más cerca?*
Ich möchte ... Liter ... Super/Diesel bleifrei.	*Quisiera ... litros de ... gasolina super/diesel gasolina sin plomo.*
Volltanken, bitte!	*¡Lleno, por favor!*
Bitte prüfen Sie ... die Bremsen/ den Reifendruck/ den Ölstand/ den Wasserstand/ das Wasser für die Scheibenwischanlage/ die Batterie.	*Controle por favor ... los frenos/ la presión de los neumáticos/ el nivel del aceite/ el nivel del agua/ el agua para el lavaparabrisas/ la batería.*
Würden Sie bitte ... den Ölwechsel vornehmen/	*¿Podría ... cambiar el aceite/*

den Radwechsel vornehmen/	*cambiar la rueda/*
die Sicherung austauschen/	*cambiar el fusible/*
die Zündkerzen erneuern/	*cambiar las bujías/*
die Zündung nachstellen/	*ajustar el encendido/*
den Wagen waschen?	*lavar el coche?*

Panne

Ich habe eine Panne.	*Tengo una avería.*
Der Motor startet nicht.	*El motor no arranca.*
Ich habe die Schlüssel im Wagen gelassen.	*Dejé las llaves en el coche.*
Ich habe kein Benzin/Diesel.	*No tengo gasolina/diesel.*
Können Sie mir einen Abschleppwagen schicken?	*¿Podría usted enviarme un coche grúa?*
Gibt es hier in der Nähe eine Werkstatt?	*¿Hay algún taller por aquí cerca?*
Können Sie den Wagen reparieren?	*¿Puede Usted reparar el coche?*
Bis wann?	*¿Para cuándo?*

Mietwagen

Autovermietung	*Alquiler de coches*
Ich möchte ein Auto mieten.	*Quisiera alquilar un coche.*
Was kostet die	*¿Cuánto cuesta el*
pro Tag/	*por día/*
pro Woche/	*por semana/*
mit unbegrenzter km-Zahl/	*con kilometraje ilimitado/*
mit Kaskoversicherung/	*con seguro ›casco‹/*
mit Kaution?	*con depósito?*
Wo kann ich den Wagen zurückgeben?	*¿Dónde puedo devolver el coche?*

Unfall

Hilfe!	*¡Ayuda!/¡Socorro!*
Achtung!/Vorsicht!	*¡Atención!/¡Cuidado!*
Rufen Sie bitte schnell ...	*Por favor, llame en seguida ...*
einen Krankenwagen/	*una ambulancia/*
die Polizei/	*a la policía/*
die Feuerwehr.	*a los bomberos.*
Es war (nicht) meine Schuld.	*(No) Fue culpa mía.*
Geben Sie mir bitte Ihren Namen und Ihre Adresse.	*Por favor, darme su nombre y dirección.*
Ich brauche die Angaben zu Ihrer Autoversicherung.	*Necesito los datos de su seguro.*

Krankheit

Können Sie mir einen guten Deutsch sprechenden Arzt/Zahnarzt empfehlen?	*¿Puede recomendarme un buen médico/dentista que hable alemán?*
Wann hat er Sprechstunde?	*¿A qué hora tiene su consulta?*
Wo ist die nächste Apotheke?	*¿Dónde está la farmacia más próxima?*
Ich brauche ein Mittel gegen ...	*Necesito un medicamento contra ...*
Durchfall/	*la diarrea/*
Halsschmerzen/	*dolor de garganta/*
Fieber/	*la fiebre/*
Insektenstiche/	*las picaduras de insectos/*
Verstopfung/	*lel estreñimiento/*
Zahnschmerzen.	*dolor de muelas.*

Hotel

Können Sie mir ein Hotel/eine Pension empfehlen?	*¿Podría recomendarme un hotel/una pensión?*
Ich habe bei Ihnen ein Zimmer reserviert.	*He reservado aquí una habitación.*
Haben Sie ...	*¿Tiene Usted ...*
ein Einzel-/	*una habitación individual/*
Doppelzimmer ...	*doble ...*
mit Bad/Dusche/	*con baño/ducha/*
für eine Nacht/	*para una noche/*
für eine Woche/	*para una semana/*
mit Blick aufs Meer?	*con vista al mar?*
Was kostet das Zimmer mit ...	*¿Cuánto cuesta la habitación con ...*
Frühstück/	*desayuno/*
Halbpension/	*media pensión/*

Hinweise zur Aussprache

c	vor ›a, o, u‹ wie ›k‹, Bsp.: **c**asa, **c**aja
c	vor ›e‹ und ›i‹ ähnlich dem englischen ›th‹, Bsp.: gra**ci**as
ch	wie ›tsch‹, Bsp.: le**che**
g	vor ›e‹ und ›i‹ wie ›ch‹, Bsp.: **ge**nte
gue, gui	wie ›ge, gi‹ ,also mit stummem ›u‹, Bsp.: **gui**tarra, **gui**so
h	ist immer stumm
j	wie ›ch‹, Bsp.: **j**amón
ll	wie ›lj‹, Bsp.: torti**ll**a
ñ	wie ›nj‹, Bsp.: ni**ñ**o
que, qui	wie ›ke, ki‹, also mit stummem ›u‹, Bsp.: **que**so
v	wie ›b‹, Bsp.: **v**ia, **v**ino
z	ähnlich dem englischen ›th‹, Bsp.: tena**z**

Vollpension?	*pensión completa?*
Kann ich mit Kreditkarte bezahlen?	*¿Puedo pagar con la tarjeta de crédito?*
Haben Sie ein Faxgerät/ Internetzugang/ einen Hotelsafe?	*¿Tiene Usted … un fax/ acceso al internet/ una caja fuerte?*
Wie lange gibt es Frühstück?	*¿Hasta qué hora se sirve el desayuno?*
Ich möchte um … geweckt werden.	*Quisiera que me despierten a la(s) …*
Ich reise heute Abend/ morgen früh ab.	*Saldré esta noche/ mañana temprano.*

Restaurant

Wo gibt es ein gutes Restaurant/ ein günstiges Restaurant?	*¿Dónde hay un buen restaurante/ un restaurante economico?*
Die Speisekarte/ Getränkekarte, bitte.	*¡La carta/ la lista de bebidas, por favor!*
Welches Gericht können Sie besonders empfehlen?	*¿Qué plato puede Usted recomendarme especialmente?*
Ich möchte das Tagesgericht/ Menü (zu …)	*Quisiera el plato del día/ el menú (de …).*
Ich möchte nur eine Kleinigkeit essen.	*Quisiera comer poca cosa.*
Haben Sie vegetarische Gerichte?	*¿Hay platos vegetarianos?*
Haben Sie offenen Wein?	*¿Hay un vino de la casa?*
Welche alkoholfreien Getränke haben Sie?	*¿Qué bebidas sin alcohol tiene?*
Haben Sie Mineralwasser mit/ ohne Kohlensäure?	*¿Tiene agua mineral con/sin gas?*
Das Steak bitte … englisch/ medium/ durchgebraten.	*El bistec … casi crudo/ medio/ bien hecho, por favor.*
Können Sie mir bitte … ein Messer/ eine Gabel/ einen Löffel geben?	*Por favor, ¿puede darme … un cuchillo/ un tenedor/ una cuchara?*
Die Rechnung, bitte/ Bezahlen, bitte!	*¡La cuenta, por favor!*

Essen und Trinken

Abendessen	*cena*
Ananas	*piña*
Apfel	*manzana*
Aubergine	*berenjena*
Banane	*plátano*
Bier	*cerveza*
Birne	*pera*
Blutwurst	*morcilla*
Braten	*asado*
Brot/Brötchen/Toast	*pan/panecillo/tostada*
Butter	*mantequilla*
Ei	*huevo*
Eintopf	*cocido*
Eiscreme	*helado*
Erdbeere	*fresa*
Espresso	*café solo*
Espresso mit Milch	*cortado*
Essig	*vinagre*
Fisch	*pescado*
Flasche	*botella*
Fleisch	*carne*
Fruchtsaft	*zumo de frutas*
Frühstück	*desayuno*
Geflügel	*aves*
Gemüse	*verdura*
Glas	*copa/vaso*
Gurke	*pepino*
Huhn	*pollo*
Hummer	*bogavante*
Kalbfleisch	*carne de ternera*
Kaninchen	*conejo*
Karamelpudding	*flan*
Kartoffeln	*patatas*
Käse	*queso*
Krug/Karaffe	*jarra*
Meeresfrüchte	*mariscos*
Milch	*leche*
Milchkaffee	*café con leche*
Mineralwasser	*agua mineral*
Mittagessen	*almuerzo*
Nachspeisen	*postres*
Öl	*aceite*
Oliven	*aceitunas*
Omelett	*tortilla*
Orangensaft	*zumo de naranja*
Pfeffer	*pimienta*
Pflaumen	*ciruelas*
Pilze	*hongos/setas*
Reis	*arroz*
Rindfleisch	*carne de vaca*
Salat	*ensalada*
Salz	*sal*
Schinken	*jamón*
Schweinefleisch	*carne de cerdo*
Suppe	*sopa*
Süßigkeiten	*dulces*
Tee	*té*
Thunfisch	*atún*
Vorspeisen	*entremeses*
Wassermelone	*sandía*
Wein	*vino …*
Weißwein/	*blanco/*
Rotwein/	*tinto/*
Roséwein	*rosado*
Weintrauben	*uvas*
Zucker	*azúcar*

Ägypten	■	■
Algarve	■	■
Allgäu	■	■
Alpen – Freizeitparadies	■	
Amsterdam	■	■
Andalusien	■	■
Australien	■	■
Bali & Lombok	■	■
Baltikum	■	■
Barcelona	■	■
Bayerischer Wald	■	■
Berlin	■	■
Bodensee	■	■
Brandenburg	■	■
Brasilien	■	
Bretagne	■	■
Budapest	■	■
Bulgarische Schwarzmeerküste	■	■
Burgund	■	
City Guide Germany	■	
Costa Brava und Costa Daurada	■	
Côte d'Azur	■	■
Dänemark	■	■
Deutschland – Die schönsten Autotouren		■
Deutschland – Die schönsten Orte und Regionen	■	■
Deutschland – Die schönsten Städtetouren	■	
Dominikanische Republik	■	
Dresden	■	■
Dubai, Vereinigte Arab. Emirate, Oman	■	■
Elsass	■	■
Emilia Romagna	■	■
Florenz	■	■
Florida	■	■
Franz. Atlantikküste	■	■
Fuerteventura	■	■
Gardasee	■	■
Golf von Neapel	■	■
Gran Canaria	■	■
Hamburg	■	■
Harz	■	■
Hongkong & Macau	■	
Ibiza & Formentera	■	■
Irland	■	■
Israel	■	■
Istanbul	■	■
Italien – Die schönsten Orte und Regionen	■	■
Italienische Adria	■	■
Italienische Riviera	■	■
Jamaika	■	
Kalifornien	■	■
Kanada – Der Osten	■	■
Kanada – Der Westen	■	■
Karibik	■	■
Kenia	■	■
Korfu & Ionische Inseln	■	■
Kreta	■	■
Kroatische Küste – Dalmatien	■	■
Kroatische Küste – Istrien und Kvarner Golf	■	■
Kuba	■	■
Kykladen	■	
Lanzarote	■	■
Leipzig	■	■
Lissabon	■	■
London	■	■
Madeira	■	■
Mallorca	■	■
Malta	■	■
Marokko	■	■
Mauritius & Rodrigues	■	■
Mecklenburg-Vorpommern	■	■
Mexiko	■	
München	■	■
Neuengland	■	■
Neuseeland	■	■
New York	■	■
Niederlande	■	■
Norwegen	■	■
Oberbayern	■	■
Österreich	■	■
Paris	■	■
Peloponnes	■	
Piemont, Lombardei, Valle d'Aosta	■	■
Polen	■	■
Portugal	■	■
Prag	■	■
Provence	■	■
Rhodos	■	■
Rom	■	■
Rügen, Hiddensee, Stralsund	■	■
Salzburg	■	■
St. Petersburg	■	■
Sardinien	■	■
Schleswig-Holstein	■	■
Schottland	■	■
Schwarzwald	■	■
Schweden	■	■
Schweiz	■	■
Sizilien	■	■
Spanien	■	■
Südafrika	■	■
Südengland	■	■
Südtirol	■	■
Sylt	■	■
Teneriffa	■	■
Tessin	■	■
Thailand	■	■
Thüringen	■	■
Toskana	■	■
Trentino	■	■
Tunesien	■	■
Türkei – Südküste	■	■
Türkei – Westküste	■	■
Umbrien	■	
Ungarn	■	■
USA – Südstaaten	■	
USA – Südwest	■	■
Usedom	■	■
Venedig	■	■
Venetien & Friaul		■
Wien	■	■
Zypern	■	■

■ **ADAC Reiseführer**
144 bzw. 192 Seiten

■ **ADAC Reiseführer plus**
(mit Extraplan)
144 bzw. 192 Seiten

Foto: © photocreo – Fotolia.com

Stand: 11/2011

Mehr erleben, besser reisen ... mit ADAC Reiseführern!

Register

www.adac.de/shop

L

M

N

O

P

R

S

T

U

V

W

Impressum

Chefredakteur: Dr. Hans-Joachim Völse
Textchefin: Dr. Dagmar Walden
Chef vom Dienst: Bernhard Scheller
Aktualisierung: Cornelia Schubert
Kartographie: Mohrbach Kreative Kartographie
Layout: Martina Baur
Herstelllung: Ralph Melzer
Druck, Bindung: Rasch Druckerei und Verlag

Printed in Germany

Ansprechpartner für den Anzeigenverkauf: Kommunalverlag GmbH & Co KG, MediaCenterMünchen, Tel. 089/92 80 96 44

ISBN 978-3-89905-537-5

Neu bearbeitete Auflage 2012

Bildnachweis

Umschlag-Vorderseite: Windmühle in Betancuria. Foto: Corbis Images (Atlantide/Phototravel)

Titelseite: Oben (Wh. v. S. 80/81 oben), Mitte (Wh. v. S. 6 oben), Unten (Wh. v. S. 8/9 oben)

Gottfried Aigner: 12, 15 (2), 28, 34 unten, 36, 41, 42/43 oben, 46 (2), 47, 52 (2), 56, 59, 66, 68 (2), 69, 72, 73, 76 unten, 77, 80 unten, 82, 84 unten, 87, 89, 90/91 unten, 91 oben, 94, 101, 103 oben, 110, 115, 116, 118 oben, 119, 125 unten – AKG: 13, 14 (2) – Alimdi: 9 Mitte, 108 unten, 120 links oben (Martin Moxter), 11 Mitte, 75/2 (Ch. L. Bages), 32 (Michael Weber), 78, 97 oben, 102/103 unten, 114, 120 rechts unten (Siepmann), 88, 128 (Hans Zaglitsch), 92/93 unten, 98 oben (Katja Kreder), 104/105 oben (68images) – Bildagentur Huber: 10/3 oben, 71 unten (R. Schmid), 16/17 (N.N.), 22 oben (Kreder), 30/31 oben (Kaos 03), 120 rechts oben (Schmid) – F1 Online: 51 (URF), 98/99 unten, 104 unten, 106/107 oben, 108/109 oben, 112/113 (Pritz) – Franz Marc Frei: 9 unten, 64 oben – Rainer Hackenberg: 117, 118 unten – Images.de: 20 unten, 63 (Lonely Planet Images/Ruth Eastham/Max Paoli) – laif: 6 oben, 120 Mitte (Neumann), 10 unten (Iris Kuerschner), 83 (Standl), 95 (Anna Neumann), 100 (Piepenburg), 133 oben (Eid) – Look: 6 unten, 50 oben, 86 (Thomas Peter Widmann), 22 unten (Franz Marc Frei), 34/35 oben, 44 oben, 48/49, 64 unten, 70, 76 oben, 130 (Juergen Richter) – mauritius Images: 8/9 oben, 20/21 oben, 24 unten, 123 (Alamy), 29, 33 (Imagebroker/Michael Weber), 71 oben (imagebroker/Hans Zaglitsch), 124/125 oben (Kreder/imagebroker), U.1, U.2 (Alamy) – Okapi: 10/1 oben (Wolfgang Schulte/SAVE), 10/2 oben (Dr. Martin Woike), 37, 67 (imagebroker), 57 (Greg Evans) – Schapowalow, Hamburg: 84 oben (Atlantide), 85 (Huber) – Thomas Widmann: 24/25 oben, 27, 35 unten, 38/39, 50 unten, 53, 61, 79, 92 (oben), 96, 97 unten, 127, 129, 131 unten, 133 unten – Ullstein Bild: 30 unten, 43 unten, 44/45 unten, 55, 131 oben (Imagebroker.net) – Ernst Wrba: 54, 62, 65 – Your Photo Today: 6/7 unten, 7 oben, 8 unten, 58, 107 unten, 120 links unten (Eric_Bach), 11 oben , 18/19 (Photo_Bank), 80/81 oben, 132 (Bernd_Ducke)